コタン生物記 II

更科源蔵・更科光

野獣・海獣・魚族篇

青土社

コタン生物記Ⅱ　野獣・海獣・魚族篇

— 目次 —

野獣篇 …… 267

野獣篇

シカ

鹿のことをユクという。知里辞典によるとユクとは元来獲物ということでシ・ユク（本当の獲物）ということで大きな牡熊のことであり、モ・ユク（小さい獲物）というとエゾタヌキのことである。この他おとなしい熊をノ・ユク（よい熊）といい、荒い熊をウェン・ユク（悪い態）と呼ぶところもある。

しかし地名にユクがつく場合にはそれは熊や狸ではなく鹿のことである。北海道各地に多いユク・ルペシペも、鹿の越路の意である。空知川上流の現在幾寅《いくとら》といっているところはユク・トラシで、鹿の登って行くところの意であり、これを訳した地名に鹿越がある。天人峡の勇駒別《ゆこまんべつ》は鹿が山の方に行く川の意であり、日高門別の幾千世《いくちせ》はユク・チセの当字で、鹿の家ということである。そこに鹿の家でもあるかのように鹿がいつも集ってくるところだからである。現在札幌市の中心市街になっているところも、昔はユク・ニクリ（鹿の林）といって、そこを取巻いてユク・ミンタラ（鹿の遊び場の意で現在の雁木）やヨーユウシ（待伏せするところの意で、山越えする鹿の通る沢に仕掛弓をかけたり、毒矢で斃したりしたところ）がある。十勝には鹿追《しかおい》というところがあるが、ここは元来はクッテクウシ（鹿垣のいつもあるところ）といった。鹿を獲るときには、木を倒して鹿が一ヶ所だけしか通れないようにし、そこに仕掛弓をかけるが、その木を倒してつくった垣をクッテク（弓の腕、すなわち鹿垣）と呼ぶのである。また久保内《くぼない》はクオナイで、やはり鹿を獲る弓を仕掛ける沢ということである。

これほど鹿に関する地名が多いということは、いかに鹿が多く、食糧として重要だったかということを物語るものである。幕末の探険家松浦武四郎の『東蝦夷日誌』の四篇の中にも、現在の日高新冠辺で「遙向に三丁計の間一面赤くみゆる故に、彼は何と問う間に土人弓矢を握り走り追行、其音に今一面草の枯たるかと見し処、八方に散乱するが、鹿の群集りしなり。其数万を以て算べしと思はる。」とあって、その壮観に目を瞠っている。

これほど山林原野に充ち満ちていた鹿であったから、食糧としての獲物《ユク》の代表として、自然ユㇰといえば鹿であったわけである。一方これほど豊富であったために、自然粗末に取り扱う傾向もあった。鹿を粗末にした者が鹿を支配する神であるユㇰアッテカムイの逆鱗にふれるが、雄弁家のカケスの神に頼んで凶猟からやっと助けられるという神謡は、それを戒めるために伝承されたもののようである。

鹿という言葉はたんに獲物《ユク》であるが、北見美幌では当歳の鹿をポイユㇰ（仔鹿）、二歳鹿の牡をリヤウ（冬越）、牝をリヤポイユㇰ（冬を越した仔鹿）、三歳鹿の牡をポナッカ（知里辞典ではレハウネプ）、三歳以上の牝をメノコユㇰ（牝鹿。知里辞典ではモマンペ）、四歳以上の牡をアプカと呼んでいる。なお知里辞典には、五歳以上の牡をシアプカと呼ぶとある。

釧路屈斜路では成獣の牡をアプカ、牝をモマンペ、角が二股になった三歳鹿の牡をピンネラウ、牝をポンリヤハウと呼ぶ。ここでは角も四歳鹿のものをイワイレポナプカ、三歳鹿のものをシュケネッコロ、二歳鹿の毛の生えた角をポンヌマキラウコロといって区別している。

また十勝足寄では当歳鹿をポイユㇰ、二歳鹿をリヤユㇰ（冬越鹿。知里辞典では牡がリヤウで牝がリヤポイユク）と呼ぶ。三歳鹿は牡牝ともにドパリヤユク（二年冬越しした鹿）と呼び、区別する場合には牡をピンネラウ、牝をモマンペという。四歳鹿は牡をレパポナプカ、牝をモマンペユク、五歳以上になった牡をアプカ、牝をモマンペという。

日高の東静内では四歳以上の親鹿をセシマウ（バチェラー辞典では四歳の牡鹿とある）、仔鹿をポイユク、二歳鹿の牡をピンネラウ、牝をモマンペ、三歳鹿の牡をポナプカ、牝は二歳と同じモマンペと呼んだ。

シカの天くだる山

釧路と十勝の国境にウタキヌプリという山があり、尾根つづきの音別川水源にユケランヌプリ（鹿のおりる山）という山がある。この地方の人々が山猟に行くときには、この山に必ず木幣をあげて、獲物の豊かであることを祈願し、春の堅雪になると釧路からも十勝からも狩人たちが集って猟をした。この山に天上から鹿がおろされることは日高までも知られていて、静内ではユケランカムイ（鹿をおろす神）が編袋《サラニツプ》の中の鹿の骨を、神様の窓からあけるとこの山に鹿がいっぱいになると伝えている。十勝本別でも「ユケランヌプリにドーンという大きな音がすると、鹿が踊りながらおりてくる」といい、広尾の古老は「野塚川の奥にも鹿のおりる山があって、ノンノン、ノンノンと地震のような音がして鹿がおりてくる。その中でピカピカ光った角をもったものをアシリキラウロカムイ（新しい角をもった神）といって特別大事に木幣をつける」といっていた。また帯広の古老は「浦幌のユクランウシ

（鹿がいつもおりる）に大きな火の玉がおりると、その年は鹿が多い」という。また釧路の雪裡にも「マルマツの岬に鹿の入った袋がおとされると、その割れる音が雷のようにきこえる。またあそこから阿寒の方に行く道には、鹿の道標としてところどころにアオダモの木が立っている」という伝承がある。

日高静内に歌われる祭歌につぎのようなものがある。

鹿のかたまりが天降ったよ
吾郷川にそうておりるよ

この歌は鹿の多い日高の各地にある。ところによって「鹿の群がおりてくる／ぬれ雪の中をくだるくだる」であったり、「鹿の群がおりてくる／舟のようにおりてくる、おりてくる」であったりするが、いずれにしても鹿持の神が編袋《サラニップ》に入れた鹿のかたまりを日高幌尻岳に投げおろすと、若鹿が角を振り振り、山の尾根を伝い川に添って、人里の方に駈けおりてくるという喜びをうたったものである。

釧路地方にもこれと同じ状景をうたったと思われるものに、

ユクトパ（鹿の群が）
ランナ（おりるよ）
タペソロ（山の頂から）

というのがある。また同じ釧路地方に、春の陽当りのよい山の斜面に鹿が集って、甘い樹液の出るイタヤの木を噛っている姿をつぎのようにうたったものがある。

少し春めくと

山の斜面に
牡鹿が集って
イタヤの木をかじる
かじる　かじる

なお、牡鹿が群れて啼いている近くで、狼が群れているというような歌もある。

シカ狩り

狼は人間のために鹿を獲って呼んでくれる神であり、熊もまた鹿を崖から追いおとしてくれる協力者であった。積丹半島の西側のノロランというところを次のように記している記録がある。

此浜に鹿の骨多く、恰も寄木の如くあり。是は冬分山に住難く浜え出来り、雪にそり過て落死すると、熊はそれを夜々出来りて喰よし。当所出稼の者等、冬分は泙の日、皆麞鹿を拾ひに来りて喰ふと。其骨幾若干《いくそくばく》とも取尽がたし。（松浦武四郎『西蝦夷日誌』三篇）

このように他の動物の食い残しを拾うだけでもある程度間にあうほど鹿が多かったから、「鍋を炉火にかけてから鹿をとりに行って間に合った」というのも、それほど誇張された表現とばかりはいいきれないようである。今各地の鹿狩りの暦を見ると、十勝の芽室では、

二―三月は犬に追わせて、堅雪にぬかったのを撲殺する。
四月からは弓と犬で、

九―十月は鹿笛で集めて獲る。

十一月からは鹿垣をつくって仕掛弓をかける。

日高静内の農屋《のや》コタンでは、
一―三月は雪の中を犬に追わせる。

四―八月は仕掛弓《アマッポ》。

九月は鹿笛や罠を用いる。

十月からまた仕掛弓。

この罠はドペㇷ゚というもので、シナノキの皮やイラクサの皮を綯い合せた縄のひっくぐしである。沢をふさぐように倒れている木があると、その木の川下の方にアオダモの枝の分れたものの先を尖らせたエエンニ（先を尖らせた木）というのを、川上に向けて斜めに刺して置き、山から追いおろされるか、山を下って来て倒れ木を飛び越える鹿を刺して獲った。またササや灌木の深い藪の中に、山の方に向けて刺して置くヨーコニ（待伏せする木）は、鹿ばかりでなく夜道や急ぎのときには人間にも危険な伏兵であった。さらに畑を耕作するようになってからは、鹿のために蔬菜を食い荒らされるので、鹿を獲るために野菜畑を尖った木で囲ったという。

夏になると鹿も熊もペサ（沼のあと）やトマム（湿地）という、泥沼のようなところで、水気の多い泥を浴びて遊ぶので、そうした場所は狩人のよい狩場であった。

秋の発情期になると、イパッケニ（呼び集める木）とか、イレッテㇷ゚（ならすもの）という鹿笛で鹿を集めた。これは特殊な木の笛に鹿の膀胱とか耳や腹子の皮、蛙の皮や魚の皮などを貼り、「ピュー」とならすと、他の牡鹿が自分の領地近くにいると思って、牡鹿が勢い込んで狩人の前に姿を現わすというものである。カバ皮を薄く剥がしたものやササの葉を両手の親指の間にはさんで、身体を前に屈げ下を向いてならしても、音によって牝鹿が来ることがあるが、場合によっては熊が鹿を獲ろうとして来ることもある。また春にはフキの葉やヨブスマソウの葉でコンレッテという笛をつくり、母を呼ぶ仔鹿の真似をして、青草に気をうばわれている牝鹿をだます罪な猟法もあった。

屈斜路湖の和琴半島では何人かが組になって丸木舟で出かけ、一人が犬を連れて半島内に入り半島の中の鹿を追い出す。鹿が陸続きに逃げようと僅かに連っている陸橋のようになっている砂嘴までくると、そこに残りの者が待伏せて立ちはだかって挾みうちにする。あわてた鹿が湖に飛び込むと丸木舟でそれを追い、角の間に舟を乗り入れて溺死させるのである。寛政四（一七九二）年の記録に、

> 西蝦夷地石狩川の南の山にすめる鹿は、秋八九月の頃イシカリ川を渉りて東蝦夷地シコツ〔現在の千歳〕といふ所の山に行、是は西地は雪深く食物なき故、東地へ移るなり。其時夷とも船に乗、イシカリ川の川端に笹草など生ひ茂りたる下に船をつけ、川岸より川中へ横に柱を三本ほどさしかけ、夫へ葭簀を掛其下へ船を入れ隠れて待居れば、鹿川へ飛込て向へ渉る所を、船乗出し川中に

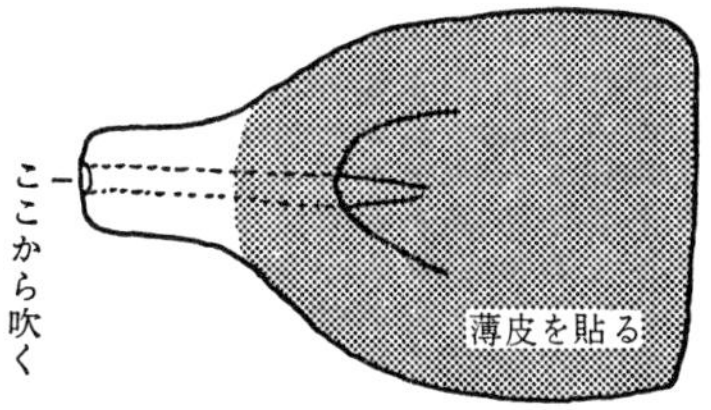

鹿笛

マユミかキタコブシの木でつくり、表面に鹿の膀胱などを貼る

て追付打殺すなり。熊渉るときはかまはず、若し川中にて熊に向へは忽船を覆へさる也〔後略〕
（串原正峯『夷諺俗話』巻之三）

とある。これは旭川の石狩川下流、江丹別橋下のユクウシナイ（鹿の多い川）のあたりでのことで、ここで舟で鹿を獲った記憶のある古老が、近年まで近文に健在であった。

毒矢につける毒は熊狩りの場合のようにトリカブトの塊根からとるのではなく、ユクライケニ（鹿を殺す木）といわれるニガキの樹液で充分であったという。なおニガキのことをユクライケニと呼ぶのは、この木の皮を鹿がかじると死ぬからだという。

シカ送り

鹿とサケは空気や太陽のように当然あるものとされていた。そのためか、熊はもちろん他の小動物でも神送りされるものがあるのに、どっさりおいしい肉や毛皮を届けてくれるこの動物のことを、鹿神《ユクカムイ》と呼ぶのは、私の調査では鹿の少い宗谷地方だけで、ここでは熊と同じように頭を股木の上に飾り、木幣を三本もつけて送ったという。釧路の雪裡では頭を欠木幣《チメシユ・イナウ》で飾って、棍棒幣にさげて祭壇に納めた。十勝足寄では昔は熊神の祭壇と普通の祭の祭壇の間にユクヌサ（鹿祭壇）があり、牡鹿の大きいのには木幣も酒も沢山あげたというが、鹿の多かった千歳付近では両耳に欠木幣をつけて柴の上におくだけであり、日高様似でも欠木幣を一つか二つつけて山に置き、肉だけを神窓から入れたという。浦河の荻伏ではろくに木幣もやらなかったといい、静内の農屋コタンでは欠木幣一本つけるだけであった。沙流川筋の長知内《おさちない》では鹿が少くなってから、頭に普通の木幣をつけて祭壇に納め、肉は神窓から入れるようになったという。鹿が不足してからの信仰の変化を示したものといえよう。空知川筋では頭を棒にさして立てるが簡単なものであったといい、地方と時代によって色々とちがっている。今は鹿のことなど忘れている内浦湾に面した虻田の貝塚から、鹿の頭の祭壇が出たという報告は、大変興味ある問題だと思う。

シカの利用

最も利用されたのはもちろん食糧としての脂肪と肉であった。脂肪も肉も一緒に肋骨につけたまま裂いて煮たのをキㇼポといい、それを編んで火の上で乾し、庫《プ》に納いこんだり、編袋《サラニップ》に入れて焚火の上の天井裏に保存したのをサッ・カㇺ（乾肉）といった。脂肪と一緒に裂いて乾したものはチメト・カㇺといって燻製にしておき、必要に応じて水にうるかし、煮直して食べた。また屋根裏にトドマツの枝を敷いて、その上に解体したままの鹿をのせ、燻製にして貯蔵することもあった。内臓についている脂肪は煮てとかし、ユㇰ・シㇺ（鹿油）といって行器《シントコ》や膀胱に入れておくか、油のとけたところに細のついた棒を入れて冷やし、凝固したところを吊しあげて庫にさげて置いた。

内臓は全部といってよいほど食べたし、しかも多くは生で摂取した。肝臓も肺も心臓も生で食べたし、ユㇰカンカンという小腸も乾して食べたり生で食べたりした。セウㇼと呼ばれる気管も、チタタプ（われわれが刻み刻みしたもの）といって、細かく刃物で叩くように刻んでやはり生で食べた。腎臓も生で食べたり煮ても食べたというが、胃袋と舌だけは必ず煮て食べたという。また咽喉と舌骨だけは頭につけて送ったという。こうした食生活の中に、冬の間生野菜をとらなくとも壊血病にならなかった秘密がかくされているのかもしれない。

また骨髄は来客の接待に用いたという記録がある。

> 鹿の足骨を煮、七八本づつ銘々盆に盛て出す。是を喰見るに、其骨を破り、内より一條の肉を取て喰、其味至て甘美也。余も是を乞て喰、其骨は多分干貯て来客の為に備ふとぞ

松浦武四郎の『夕張日誌』の中の一節である。

皮は小刀で毛を抜き、槌で叩いて鞣してから股引《オモンペ》などにするが、毛が硬くて折れ易く、あまり防寒用にはならなかった。しかし雨具としてはすぐれていたし、これを厚司《アッシ》の背中に縫いつけたセドルコルアッシ（背中にあてた厚司）は、冬の野営のときにそのまま着て寝る寝具となった。またつなぎ合せて敷皮にもしたが、最も重要な利用としては冬の履物の靴《ケリ》であった。これをつくるには後脚を底皮にし、飛節のところが踵になるようにして、先を二つに割っておく。足の甲には前脚の皮を使い、爪先で折り曲げて、底皮の割ったところに挟み込むように縫いつける。すると爪先の毛が後向きになるので辷り止めになるのである。北見美幌では前脚の内側にある角質部を鹿の燈火《ラッチャク》といって、それを足の親指のところにつけると、どんな暗い夜道を歩いていても迷うことがないといわれている。なおこのケリを縫い合せる糸は、鹿の背筋が最もよいといわれ、縫針には鹿の脛骨を割ったものを用いたともいう。

明治12年の大雪で絶滅しかけたエゾジカ

ポノオタスツウンクルという英雄がいた。この英雄は叔母さんが居睡りしている間に牡鹿《ピンネラウ》の形をした鎧《ハヨクペ》を着て（牡鹿の姿になって）山に遊びに行った。そして鹿狩りに来た大男たちを皆角にかけて水溜《ペサ》に投げ込み、それを助けたアドイサラ村の悪巫女と死屍累累の闘いをしたが、叔母に助けられてついに悪巫女と大男を地獄に追いおとしたという物語がある。このポノオタスツウンクルの着たという鹿皮の鎧は、トドの皮と同じように実際に、昔戦いのときに使ったものであろう。

　鹿の角は海獣を斃す銛先《キテ》をつくる材料になったし、落角は傷を負ったり、火傷をしたときにこれを削ってつけ、倒木の洞などにつく皮のような茸を当てて繃帯にしたという。また袋角は熱さましにもなったという。ウドを食べると角が落ちるという話もあるが、ちょうど鹿がウドを食べるころに角が落ち代るからであろうという。

枝の分れていない一本角の鹿は、人を殺す鹿だから注意しなければならないという。また角が大きな箆形をしていて、先が皿のようになった鹿は、人間を見るとその角で土を押え押えて追ってくる。これで殺されたりすることはないが、こんな鹿を獲ると病気をするといって嫌われる。またチチケウといって、天からおろされるとき逆さになって角が土に刺さったため、角が顔の前に垂れさがったという鹿がある。この鹿は草を食おうとすると角が土に刺さるので、木の苔ばかり食べているが、こんな鹿を食べると身体がとけるとか、下痢をするという。ケレプドントネ（さわると禿げる）といわれる鹿と共に嫌われる鹿である。

ただ日高荻伏では、右の角の先だけが箆のようになっているペラテケユク（箆枝鹿）を獲ると豪傑《ラメトク》になり、瘤のついているのを獲ると裕福になるといって特別に木幣をあげたりする。そんな角の鹿は天から直々に神様が綱をかけておろしたものであるといい、様似でも変った角は狩りの守り神として狩りに行くとき持ち歩くという。

エゾノウサギチ

子供の頃、古老が兎罠で兎を獲ってくると、美しい欠木幣《チメシュ・イナウ》で頭を包んで、永々と何かを祈っていたものである。不思議に思って訊ねると、

昔、鹿は鬼の脚を持っていたので、どんな深い雪の上でも早く走れたから、人間に獲られたりす

ることもなかったんだ。それをこの神様がうまいことをいって鹿と脚を交換したため、兎は雪の上を走れるようになり、鹿は僅かな雪が降ってもぬかって走れなくなって、人間に獲られるようになったんだ。鹿がおこって焚木の燃え尻を兎に投げつけたら、それが耳の先に当って、それで兎の耳は先だけが黒いのさ。それから兎の毛が夏と冬にちがうのは、雪の上を走れる鹿の脚と交換して、うれしさのあまり着物をひっくり返して着て駈けだしたからなんだよ。

ということであった。

また、「大昔、鹿には角がなく、雪の上を自由に歩ける雪輪《かんじき》を持っていたが、角をもっていた兎と角と雪輪とを取換えた」という話もある。

子供の私はその底ぬけにたのしいお伽噺をしてくれた古老が好きになり、それからも随分色々なたのしい昔話をしてもらった。この兎と鹿の脚の交換の話は、どうやら草食獣同士の、淡白な肉の味の似ているところから生れたもののようである。また日高地方では、文化神が鹿を食べたとき、その毛を少し投げたのが兎になったので、肉の味が似ているのだとされ、空知地方では「昔兎は脂肪のあるおいしい獣であったが、コロポックル（フキの葉の下人の意で、小人といわれている伝説上の人間）に対してアイヌが無礼をしたので、怒って他に移動するとき、兎の皮を裏返しにして行った。そのため脂肪がみんな毛になってしまった」ともいわれている。胆振鵡川では、「兎は国造神がつくったが、ほったらかしておいたらあまりおしゃべりをするので、神さまがおこって口を裂き、薪の燃え尻で頭を叩いた。兎はびっくりして窓から飛び出して逃げたが、そのとき耳の先に燃え尻の炭がついて黒くなった」といい、天塩川筋の名寄では「文化神のサマイクルカムイが野糞をして、雪球をつくって尻を拭いて投げたのがころがって行って兎になった、耳の先の黒いところは文化神の糞のついたところだ」と伝えている。このように兎の出生の昔話は底ぬけに明るく、そして数限りなくある。

神謡《カムイユカラ》でうたわれる兎もどことなく愛嬌があって憎めないのは、この動物の無抵抗な性格によるのかもしれない。日高静内にある「ホロクンベ　ホーホー」という繰り返しでうたわれる神謡はだいたいつぎのような内容である。

兎が編袋《サラニツプ》を背負って山を登って行くと、若い女が川で鍋を洗っていた。「お前さん亭主あるかい」と声をかけると「あるよ」といわれたので、そのまま編袋を背中でぽんくらぽんくらはねらして山をのぼって行った。すると、また若い女が鍋を洗っていた。また「お前さん亭主あるかい」と声をかけると「ないよ」と答えたので、いい気になって先に立って女の家に這入って行った。そして後から来た娘に「何かご馳走してくれ」といったところ、娘はヒエの穂をそのまま笊一杯持って来た。「どうしてこんなもの食えるか」とふくれっ面をすると、「お前兎でないか、穂のまま食べれるべさ」といわれたので、兎はびっくりして逃げ出してしまった。

兎が編袋を背負って若い女に話しかけるということは、現実の世界ではなく兎に化身する神のいる国でのことであり、そこでは神も人間と同じ生活をしているという考えによるものである。また「何かご馳走してくれ」というのは昔の求婚の方法であった。女が炊いたご飯を男に差し出し、それを男が半分食べて女に戻す。女がその残りを食べると婚約成立というのが昔の方式であったのである。

釧路白糠には「ホーリムリム　ホーリムリム」という繰り返しのついたつぎのような神謡がある。目のよく見えなくなった兎が、海岸に何か寄っていたら拾おうと思って、浜をあっちに跳ねたり、こっちにとんだりして行くと、浜にクジラがあがっていて、白い着物を着た者と、黒い着物の者がクジラを切ったり運んだりしていた。脂肉でも少し貰おうと兎が急いで行ってみたら、海の藻屑があがったのにカモメとカラスが集って騒いでいるだけだった。兎は「本当に目の見えないくたばりそこない、くたばれ、くたばれ」と自分で自分を叩きながら戻ってきて、自分の家の近くまできた。するとたまげたことに、家が火事になって、もうもうと煙があがっている。びっくりとびあがって走って戻ってみたら、山の木原の家の上に黒い雲がかかっているだけだった。「くたばれくたばれ、どす盲」と兎は自分を叩き、それからあまり遠くには行かなくなった。

これも神の国でのできごとであり、この他にも兎が野盗の群の襲来を夢で釧路のある部落の酋長に知らせ、それから神として大事にされるようになったという話や、千歳の近くにある馬追山を昔ポロヌプリ（大事な山）といったのは、そこに昔、イソポトノ（兎の殿様）という、人間が雪輪《かんじき》を履いて歩いた足跡はどの大きな兎がいたからだという話もある。

また釧路地方にはつぎのような伝承がある。

昔、占いをする力をもった大兎は一匹だけしかこの世にいなかった。その兎は自分の力を自慢して人間をバカにするので、偉い人たちが金の弓矢で仕掛弓《アマッポ》をかけたが、一たまりもなく蹴こわしてしまった。そこで、英雄の小歌棄人《ポノオタスツウンクル》がヨモギで小さな仕掛弓をかけた。大兎は「バカにするな、

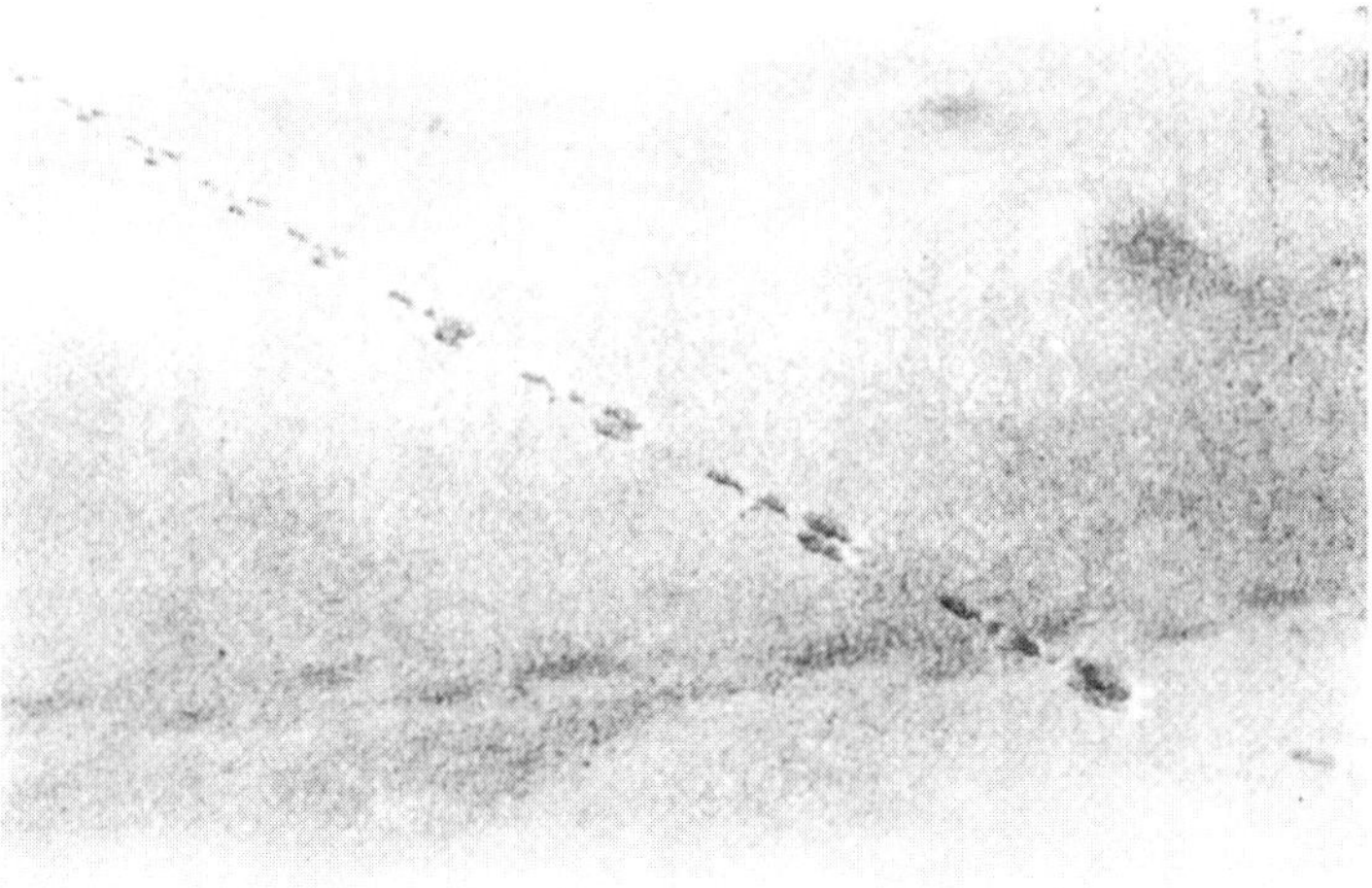

ウサギの足跡

エゾノウサギ

こんなもの」と鼻先でこわそうと触った途端、何が何だかわからなくなってしまったが、「ブッリ！」と小刀を腹にさされた痛さで正気づいてみると、小歌棄人に皮を剝がされかけている。兎はびっくりして占術で「山火事だ」と大声をあげ、小歌棄人がびっくりして窓から身体を半分出して見ているうちに逃げようとしたが、直ぐにつかまってしまった。こんどは、

「山津波だ！」

といって皮を曳きずって逃げようとしたが、これも失敗した。カンカンになった小歌棄人は大兎を細かく切刻んで、山の中にばらまいたので、兎は今のように小さくなったのだ。

インドや日本の昔話の「猿の生胆」が移入したと思われる「兎の生胆」という昔話を、宗谷の老婆から採話したことがある。

天気がよいので兎が浜に出て、長い後脚で砂浜を駈けあがったり駈けおりたりして遊んでいた。みると、海岸にまるで縄でも綯ったように、海馬《トド》が沢山集って休んでいる。兎はからかってやろうとトドの背中にポンと跳ねあがったが、トドは一向に動こうともしなかった。兎はいい気になって列んでいるトドの背中をぴょいぴょい踏みつけながら、段々沖の方に行って、沖にいる一番大きなトドの背中に飛びあがった。すると、それまでじっとしていたトドがむっくり起きて泳ぎだし、他のトドも皆一斉に沖に向って泳ぎはじめた。そして大トドがいうには、「バカな野郎だ、アドイコロヘンケ（海の老翁の意で海亀のこと）の妹が病気になって、兎の胆が一番よく効くといって探しているので、俺が仲間を連れて浜に探しに来ていたのに、うまくひっかかったなア」と

いうことであった。とんだことになったと思ったが兎はしらっぱくれて「それはせっかくなのに気の毒なことをしたな、よい薬になる胆は山の木の枝に乾しておいて、今持っているのは薬なんかにならないつまらない胆よ」といった。トドはがっかりして「そうか、それでは何にもならない、ではもう一度浜に戻るから、山に乾してあるよく効くのをとって来てくれないか。」そういってトドは又浜に引き返した。ポンとトドの背中から陸に飛びあがった兎は、ぴょんぴょん跳ねながら大口あけて笑いこけ、「バカ野郎、どこの世界に胆を二つも三つも持っているものがあるんだ」といったとさ。

この説話はその後石狩川筋や日高地方にもあるということをきいた。

兎のことを一般にイソポとかイセポという。イセポカムイともいうが、名寄では狐のところで述べるのとはちがって、イセポ・チロンノプというとのことであった。知里辞典によるとイセポは「〈i-se-p-po i（ウサギの悲鳴）; i-se（〔ウサギが〕キイと鳴く）-p（もの）-po（指小辞；キイキイ鳴く小さいもの）」であるということである。また海の白波を兎がはねる《イソポ・テルケ》というので、沖狩りに出たときにイソポという言葉を使うと風が出て白波がたつといって、忌み言葉の一つにされ、沖では兎のことをカイクマ（折れた棒の意で、兎は木を噛って倒すからである）と呼んでいる。祭歌の一つに、

アドイソー　カタ（海の上に）
カイクマ　ホー　（兎がそれ）
ランケ　（おりた）

というのがあり、「海の上が折れ、くずれ折れ、兎《カイクマ》がおりた」「海の上に兎《カイクマ》がおりた」などともうたわれるが、これが広く各地にあるのは何か海の波を静めるための、呪文的なものであったかもしれない。白老ではカイクマ・カムイというそうである。

日高の静内に兎踊《イセポウポポ》りという踊りがある。娘たちが爪立してしゃがみ、あたりの者のうたう、

ハチンナ　（ころぶよ）

ハチンナ　（ころぶよ）

という歌にあわせて、手を叩きながら跳ねまわる。もし転ぶと、

ハチカラ　メノコ　（転んだ女）

フシ　メノコ　（くさい女）

と囃されながら胴上げをされる。無防備の服装だった昔はこれが辛いので、真剣に踊ったものだというが、なぜそんな辛い踊りを踊らなければならなかったか不明である。

胆振虻田に古くからの歌だというが、日本のわらべ歌のような歌がある。

イセポ　イセポ　（兎　兎）

ネプクㇱ　エキサラ　タンネヤ　（なぜ耳長い）

クコラ　ハポ　（私のかあさん）

フッタタハム　ルキワ　（笹の葉を食べた）

キサラハ　タンネ　（それで耳長い）

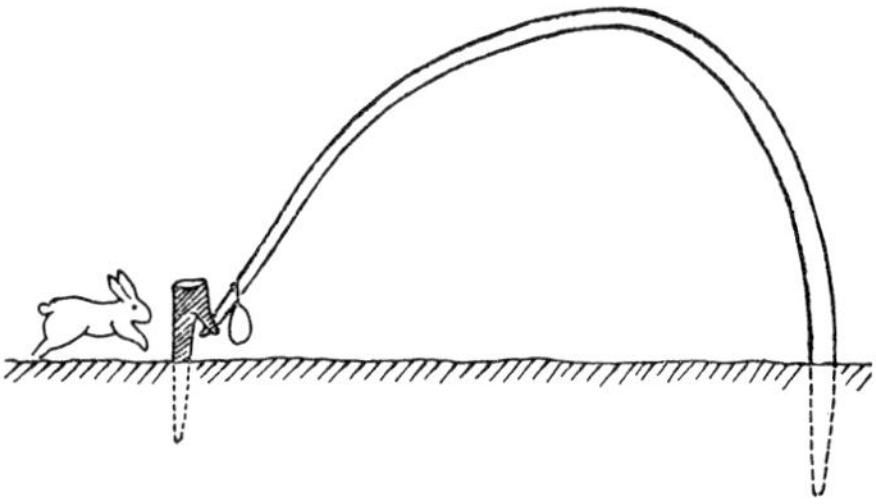

ウサギを獲るヘピッタニ

イセポ　イセポ　（兎　兎）
ネプクㇱ　エシキヒ　シカレンハヤ　（なぜ目が丸い）
ククラ　ハポ　（私のかあさん）
トチヌㇺ　ルキワ　（栃の実のんだ）
クシキ　カレンハ　（それで目が丸い）

道南地方は本州に近いこともあって、何かとその影響がみられる。八雲には兎雪《イセポウパシ》といって、五月の末にルコツ岳という山に、兎の姿をした残雪が見えるようになると、畑に何を蒔いてもよいといういい伝えがあるが、これなども本州からの影響であろう。

同じ兎の歌でも、つぎの釧路白糠辺のものの方がコタンの伝統を表現しているようである。

イヨヨ　イヨホ
イヨ　オマン　アイネ　（〔兎が〕行って行って）
イヨ　ポン　ケネタイ　（小さな榛《はん》の木原に）
イヨ　リプネ　シュイ　（入ったあとがゆれてる）

兎は多く犬に追わせて獲ったというが、ヘピッタニ（跳ね返る木）という罠も用いられた。兎は通り道がきまっているので、この道の途中に長い棒を刺して、その先にひっくぐし罠をつけ、木を曲げて先を止めておく。道を来て罠に首をつっ込んだ兎があばれると止木がはずれ、中ぶらりんに吊りあげられてしまうというものである。

肉はもちろん食用になるが、妊婦が食べると兎唇《みつくち》の子供が生れるなどと各地でいわれている。また、昔疱瘡神の来たとき、沖に向って兎が跳ねたら、疱瘡神があがって来なかったといういい伝えもある。千歳では流行病のときに兎の頭を家の入口に吊したという。

頭は欠木幣で飾っておいて、熊送りのときに熊の荷物運びとして一緒に送った。

オオカミ

狼のことを釧路地方ではオンルプシ・カムイ（狩りをする神）と呼び、十勝地方ではユクコイキ・カムイ（鹿を獲る神）と呼んでいる。この神様は鹿を獲って満腹になると、人間を呼んで残りの肉をさずけてくれるからである。また狼が鹿を獲って食べているところに行きあっても、咳払いをすると獲物を置いて人間に席を譲ってくれるものであるという。そしてもしこの神様を毒矢で殺したりすると、他の神々のように復活することができないから、絶対に毒矢を向けてはいけないと、固く戒められている。この動物はたとえ弓矢で獲ったところで皮も肉も役にたたず、逆に仲間を呼び集めて、集団で危害を加えたものに襲いかかってくるから、無鉄砲を戒めたものであろう。

「ド　ミク　ミク」という繰り返しではじまる、胆振鵡《む》川《かわ》に伝わる神謡に、狼を可愛がって養ってくれた人間が悪いカワウソに殺されたので、狼はカワウソのところに出かけて、相手の心臓を吊っている六本の紐を食い千切ったが、自分の心臓の紐も切られて死んでしまうという伝承がある。また十勝足寄にも、イラクサ採りに行った老婆の泊っている小屋が大熊に襲われるが、狼が老婆を守って熊と噛み合いをはじめ、共倒れしながらも老婆を救ってくれたという伝承があるなど、いつもこの神様は人間の味方の立場をとっている。さらにこの神の筋を手首に巻いたら、物凄い力持ちになり熊を蹴殺す勇者になったという話もある。

　一般にホㇽケゥとかホㇽケゥ・カムイ（狼神）と呼ぶところが多いが、ウォセ・カムイ（ウォーと吠える神）とかオンルプシ・カムイ、ユㇰコイキ・カムイとも呼び、古くは犬と同じにセタとも呼んだらしい。セタウシ・ヌプㇼ（犬のいる神山）という山が日高の静内と三石の間にあるが、このセタとは実は犬でなくて狼であるという。十勝の然別湖の、現在ペッウドㇽヌプㇼ（川の間の山）と呼ばれている山は、もとはセタマシヌプㇼといったが、このセタ狼のことで、天上からはじめて狼のおろされた山であるという。なお胆振地方では、有珠岳が狼の天降ったところであるといわれている。このように、これまで私の調べた地名のセタは、いずれも犬ではなく、狼であった。永田方正の『北海道蝦夷語地名解』の中でも美瑛川筋の地名セタウシナイについて「狼ノ子ヲ生ミシ処。此セタハ犬ニアラズ『ウオーセカムイ』狼ヲ云フ」とある。実際には狼の子を生んだところという意味ではなく、狼のいる沢の意であるが、いずれにしてもこのように狼をセタと呼んだ例が少くない。

これは昔、狼と犬とを同じに考えていたからのようで、狼を飼っていて山狩りに連れて行き、鹿を獲らせた（釧路白糠）とか、春の発情期になると狩りに連れて行った犬に狼がうるさくつきまとうものだ（旭川近文）とか、自分は飼ったことはないが、先祖が狼と犬が交尾してできた仔を飼っていて、よく猟をしたという（釧路雪裡）などという話を聞いたことがある。これらの話を裏書きするように、明治十五年に殖民地の調査に入った役人の『北海道巡回復命書』の中で、北見美幌川口のコタンの人人は狼を飼育しており、また常呂《ところ》村では狼の仔を放し飼いにしていて「放養巳ニ二年能ク人ニ馴レ復山野ニ帰ラズ、時ニ山野ニ至リ鹿ヲ捕食シ後来居ス云々」とある。また寛政四年の『夷諺俗話』巻之四という記録にも、宗谷の運上屋の牝犬が「山深く入りたるや狼の子をはらんで漁場にて産落したり、是を見るに狼の子三疋なり、其時狼壱疋其所へ出来リ付居たりしが、狼と母犬として産たる子三疋を山深くくわへ行たり其後も右の女犬は漁場へ戻りたりしが直に山に行て久敷帰り来らす、夫より程経て山へ行もの右女犬の首と尾と喰散らしたる躰にて残ありしを見たるよし……」とある。しかし動物学的には狼と犬とは骨格がちがうということである。

犬とだけの交配でなく、人間の、しかも日本の官女と狼が通じてアイヌの先祖が生れたというつぎのような神謡が日高静内にある。「日高幌尻岳の神である白い狼神《レタルセタカムイ》が、自分の配偶者を求めたが、島内には適当なものがいない。そこで、神通力で遠くを見通すと、遠くの国に適当な女性が見つかったので、神の力でわざとその女性に粗相をさせた。そのためその女性は舟に乗せられて海に流されたが、狼神はそれを自分の方に曳き寄せ、夫婦になった。それでこの島に人間が出生した」というものである。古い記録ではレタルセタを白犬と訳し、「古い南方の神の国より女神老人虚船に乗して此辺シッナイ〔静内〕に漂着し玉へける……」にはじまり、この女神を白犬《レタルセタ》が洞窟に案内し、食物を探して来て飢餓から救い夫婦になり、人間の先祖が生れたとしている。これと同じ伝承は十勝にもあるが、こっちでは白い狼神ではなくはっきりと、ユㇰコイキ・カムイ（鹿を獲る神）であるといっている。

白い狼のことを空知ではホㇽケゥ・カムイトノ（狼神の王）といい、胆振鵡川ではホロケウ・レタラカムイ（狼の白い神）と呼んでいる。静内ではさきの官女の話の他に、白い牝の狼が人間の女に化けて、好きな酋長のところに嫁入りしたという話があり、胆振虻田でも狼の妹が人間と結婚した話、さらに長万部《おしやまんべ》でもレタルセタの牝が酋長の妾《ポンマチ》になったという話がある。なぜ白い狼と人間がこうも交りを結ぶのか、狼のように精悍な猟人になるように、血の混合を願うところから生れた伝承ではないだろうか。

神謡ばかりでなく祭のときの歌にも狼をうたったものがある。

アプカトパ　へ　ヒヤ　（牡鹿の群が　ヒヤ）
オロロピンネ　へ　ヒヤ　（狼の牡が　ヒヤ）
オワ　チシナ　オワ　（たくさん啼いてるよ）
アプカトパ　フム　（牡鹿の群が　フム）
ホー　チシナ　（ホー　啼いてるよ）

（沙流川筋）

オロロピンネ　フム　　（狼の牡が　フム）
ホー　チシナ　　（ホー　啼いてるよ）　　　（胆振・白老）

いずれも鹿や狼の啼き声に、豊猟に胸をはずませている情景をうたったもので、全道各地にこれらの歌がある。

また各地に伝えられているものに、文化神兄弟が国造神から犬をあずかって連れて歩いていたが、外地に行くとき山に置いて行ったのが狼になったというものがある。北見美幌に伝えられるものではその犬は十頭で、その名を「ケロケロ　ケロラリ　ケロポロ　ウサキナ　アマキナ　エヤママ　カラサニ　シルトンバ　ンナケロ　ンナ　来《チョー》い　来《チョー》い」と呼んで歩いたという。屈斜路ではこれが「ヒンナケロケロ　ケロポロ　ウシャキナ　アマキナ　シルトンパ　ケルンナ　来《チョー》い　来《チョー》い」となっていて、犬の数は六頭である。地方によって犬の名も数も一様ではない。日本海岸積丹《しやこたん》半島の古平《ふるびら》の海岸にはセタカムイ（犬神）岩という立岩があるが、この岩には文化神オキクルミが異国へ行くとき、残された犬の一頭が、主人をしたって海に向って遠吠えしているうちに岩になったという純情伝説がある。

しかし中には悪い狼もいて、人を追うものがある。これに追われたら木に登って、皮を縫う針で耳をほじる真似をして、

「お前もやってみろ」

といって、針を荷縄の先につけてさげてやると、横っとびにとんで逃げるという。

狼とは別に山男《キムンアイヌ》というものが連れて歩く、キムン・セタ（山犬）という獣がいるといわれている。

上／セタカムイ岩（古平）

中／冠についた守神のオオカミ

下／オオカミの頭骨（北大博物館）

名寄ではこれを「痩せて身体の軽いもので、狼とはちがうおそろしいものだ」といっていた。また、旭川の北にあるシュマンという小さな尖った山をキムンセタコタン（山犬部落）といって、おそろしいところだといい伝えられているというが、この山犬の正体は不明である。

キタギツネ

一般にチロンノプと呼んでいる。チロンノプとは知里辞典によると「ci- 我々が、ronnu どっさり殺す、―p もの。我々がどっさり殺すもの〝えもの〟〝けだもの〟」とあって、狐だけではなく「えもの」「けだもの」の意であるということである。たしかにカワウソのことをウォルン・チロノンプ（水にいるチロンノプ）、エゾテンをポン・チロンノプ（小さいチロンノプ）、エゾイタチをウパシ・チロンノプ（雪のように白くなるチロンノプ）、シマリスをルオー・チロンノプ（縞のついているチロンノプ）などと呼び、釧路の雪裡《せつり》では山で熊をいうときパセ・チロンノプ（大切なチロンノプ）と呼んでいる。野獣のうちでチロンノプと呼ばないのは、草食獣の兎と鹿。それにエゾリスだけであり、チロンノプと呼ぶものはシマリス以外は、いずれも肉食獣か雑食動物ばかりである。もっとも、名寄では兎をイセポ・チロンノプと呼ぶが、これは例外といえよう。

チロンノプの他に狐を呼ぶ名にシトンビ（山にいるもの）、キモッペ（山にどっさりいるもの）、フレップ（赤い獣）、ケマコシネカムイ（足の軽い神）、ケマトナシコロ（足の速い神）、シクマケシウン・

カムイ（山の端の神）などがあり、樺太《サハリン》に近い天塩川筋や石狩川上流では樺太アイヌ語のシュマリという名で呼んでいる。昔はずいぶん沢山いたらしく、幕末頃に現在の札幌市のあたりで、探検家松浦武四郎は「途中狐を見る事数十疋、然れ共人里近き所の狐故目早くして一頭をも捕獲ざりけり」（『後方羊蹄日誌』）と記している。地名にも釧路地方にチロンノㇷ゚コタンがあり、雨龍川上流の朱鞠内もシュマリナイで、狐沢の意であった。この他にもずいぶん多かったようである。

昔の生活と狐は色々かかわりあいがあったために、多くの物語が伝えられているが、その半分は善い神としてであり、半ばは悪心のある神としてである。その一つにつぎのような物語がある。

黒狐のシトンビチロンノㇷ゚は、太陽が天上で輝いている地位をうらやみ、何とか一度自分もその地位についてみたいと思っていた。そこで、日の神の子供を攫って岩屋の中に閉じ込めてしまったので、日の神は心配のあまり病気になった。攫われた日の神の子供は狐の六人娘の末娘に育てられていたが、この娘はやさしく清らかな心の持主であったから、親狐が日の神の子供に色々の難題を出して、それが解けなければ殺すといっておどすたびに、夢の中でその難題の解き方を教えてきた。最後に親狐は六人の娘たちに同じ服装をさせて、その中から日の神の子供を育てた娘を三度いい当てさせ、もし一度でも間違うと殺すといっておどすが、末娘はまた夢の中で、「顔を見ても絶対当てられないから足の指を見なさい。どこにいても足の親指を動かしているのが私だから」と教えて日の神の子供を救った。この計画にも失敗した親狐は業を煮やして、病気で臥っている日の神に襲いかかった。そのとき地上の人間界の方から「日の神よあなたは死ぬよ、気をたしかにもちなさい」という声と共に、暗い空をぬって矢が飛んで来て親狐を射通したので、親狐は血の虹を描いてまっさかさまに地獄の方に落ちて行き、再び世界に光が蘇ってきた。その後日の神は位を子供と子供を救った狐の末娘に譲ったので、娘は美しい顔を輝かせて昼の世界を照し、子供は夜の世界を受けもって地上を照すようになった。

これは昭和初年に、屈斜路コタンで古老から教えられた日蝕に関する伝承であるが、親狐が狐の悪を象徴し、末娘が人間に尊敬される善の面を表わしている。

日高の沙流川筋に伝わる狐の説話に、狐は河童を焼いた灰から生れたので、よい狐と悪い狐があるのだというものがある。

貂《てん》は天からおろされた偉い神であった。彼が天降った頃にはこの世界ができる前から棲んでいた化物の河童がいたが、国造神が国造りをはじめたので、世界の果の方にかくれてこっそり棲んでいた。この河童がある日テンのところに遊びに来て力競べを申込み、いきなりテンを摑んで火の中に投げ込んで焼いてしまった。河童が「どんなもんだ、ざま見ろ」と揚々と引揚げようとすると、死んだはずのテンがひょっこり外から入って来て、びっくりしている河童を押えつけ、どしんと火の中に投げ込んだ。河童はバタバタともがきながら、何とか魂だけでも助かろうと、煙にまぎれて天窓から遁れようとした。しかしテンがすかさずプーッと息を吹きかけると、河童はクルクルとまわって火の中に落ち、すっかり焼けて灰になってしまった。その灰が黒くなったり、赤くなったり白くなって狐という生き物になった。

この河童の灰の中から生れた狐には二種類あって、黒い灰からはシトンピカムイ（山にいる狐神）といって、心のよい黒狐が生れた。この狐は人間の頼みごとをよく聞いてくれて、病気に苦しむものを癒し、海に出て時化《しけ》にあったときには助けてくれるし、漁の獲物もどっさりさずけてくれるのである。

一方、赤い灰からは赤毛で毛の薄いサㇰ・キムンペ（夏山にいるもの）という狐が生れた。この狐は身体の毛が少ないので、冬になって寒くなると、土穴にこもって、墓の中の死人の骨ばかり嚙っている。そんな奴だから夏になると穴から出てきて、人間を誑《たぶら》かしたりする。これをイカッカラ・チロンノㇷ゚（誑かす狐）というのだ。

善神であるキツネ

河童の黒い灰から生れたという善い狐、すなわち善い神とは人間生活に何らかの協力をするもので、衣類（毛皮）を提供したり、食糧を持参したり、時には人間に危急を知らせたりする存在である。狐の毛皮は小刀の背で脂肪をこそげおとして鞣し、チロンノㇷ゚・ウル（チロンノㇷ゚の着物）として用いられたし、もちろん僅かではあるが食糧も供給してくれた。それればかりでなくコタンの近くに定住していて、人間の感覚ではすでにとらえられなくなった、自然界の気象の異変などをいち早く感じとり、それと気付かない人間に知らせてもくれた。こうして自然界の危険から何度か助けられたということが、根強い信仰となり、派生的な占いなどまでが定着したようである。狐の生活圏は人間と同じように、川岸のサケ、マスの産卵場の近くや、魚族の豊かな海浜であったから、彼等が自然界の異変に気付いて、人間ではなく仲間同士にそれを知らせに叫ぶのを、永い間の経験から人間の方で気付いて、危難からのがれるために役立てていたのである。

各地の狐神信仰を列記してみるとつぎのようになる。

①八雲には遊楽部《ゆうらつぷ》岳に白狐の神翁《レタラシトンビカムイエカシ》という白狐がいて、海の時化のときには舟を護ってくれる。②虻田コタンには村の背後の狐神と、村の肩の上の守神という二匹の狐神がいる。③鵡川海岸のムレトイの丘で守護神の狐が忙しく啼くと、火の危険がせまった知らせであり、ゆっくり啼くときは病気の流行するときである。④穂別のカッケンの沢には凶漁を救い、危険から身を護ってくれる狐神がいる。⑤沙流川の奥の、荷負《におい》、貫気別《ぬきべつ》、長知内《おさちない》にあるチノミシリ（われわれの礼拝する山）の神はいずれも狐神である。⑥新冠の黒狐は老人を救い、津波のあることを知らせる。⑦静内海岸のチノミシリも御神体は狐神で、漁の豊凶や危険を知らせてくれる。⑧三石では狐が「パウーパウー」と啼いて川をくだると大水がでる。⑨日高荻伏では神岳《カムイシリ》で川の流れを監視するのは狐神。⑩旭川近文には六つの咽喉を持った狐神の砦があって、外敵や病魔の襲来を防いでくれた。

以上のように狐神の伝承は非常に多いが、これらはほとんど西方人《シュムウンクル》系統の西南部に限られていて、東方人《メナシウンクル》系の東北部ではきくことができなかった。

さらに狐の頭骨を海漁の守護神にしたり、下顎骨で占いをしたりするのも西南部での習わしであって、東北部の釧路、北見、天塩、十勝地方では狐の代わりにイトウやオビラメの下顎骨を使うのは、

上／キツネの下顎骨を頭にのせて占いをする（旭川）

下／キツネの頭骨を小舟にのせ守神として海に持って行く（長万部）

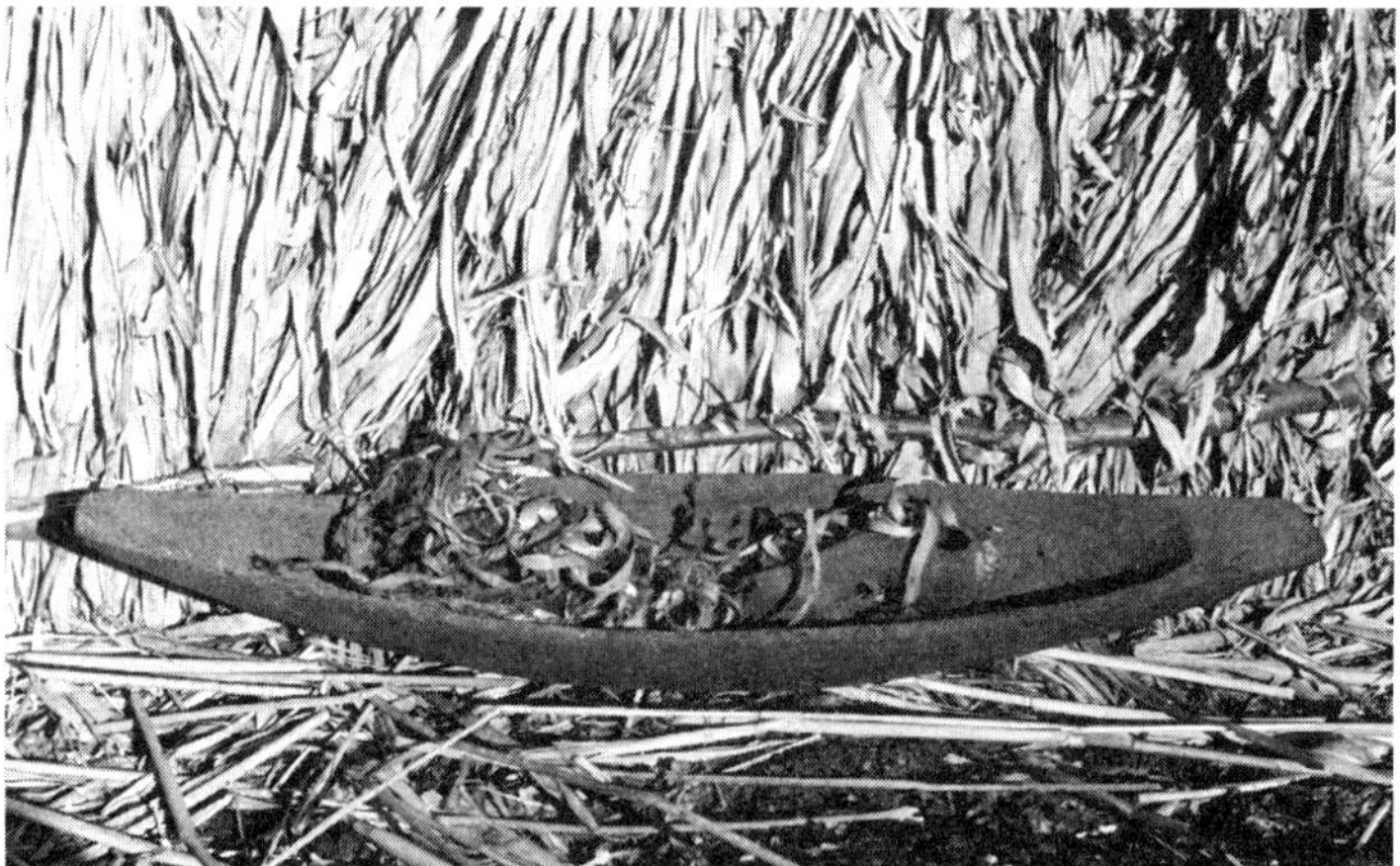

あるいはこの地方は漁撈を主とし、西南部では狩猟を生活の中心とした差異によるものかもしれない。

　八雲では何狐の頭でもシトンビカムイとして、これを山狩りに行くときや冬の海漁に持って行き、急に時化が来たりすると「もし舟が沈むと私もお前も海に沈んで、もう木幣も酒も貰えなくなるぞ、頑張って舟を海岸につけろ」と協力を強要したり、下顎骨を頭にあげて、失せ物や獲物のあるなしを占った。長万部でも神の使いとし、虻田ではチロンノプ・サパ（狐の頭）といって沖に行くとき守神として持って行った。内陸の千歳や旭川地方でも守神とした。特に千歳では黒狐の頭をカムイ・マラプト（神の頭）といって、木幣に包んでお膳に入れ、棚の上に飾っておく。漁の豊凶を占うときには下顎骨をはずして頭にあげ、「もし魚が沢山とれるなら私の方に向って立って下さい」と頼んでおとし、自分の方に向って立つと吉、ひっくり返ると不漁であるとしている。また旅に出ている人の安否や病気が癒るかどうかなど、神意を問うのにも用いるが、これはいずれも男の人がやる。日高新冠では歯並びのよい狐がよく、後に反ったり横に出ている歯並びの悪いのは悪狐だとしている。また同じ新冠の判官館と厚賀というところにいる黒狐が祭壇で騒ぐのは津波の知らせであるという。

　旭川では東北部と同じく、アメマスの下顎骨やお椀を頭から落して占いをする。

　東北部でも、占いはしないが釧路標茶《しべちゃ》の虹別コタンや、十勝の音更では狐の頭をイナウで飾って、病気を癒してくれたらもっと立派な木幣《イナウ》をつけてあげようといって、狐の神通力を病気平癒に使い、もし本当に病気がなおると、木幣をどっさりつけて神の出入りする窓から出して祭壇に納めた。

オタスッコタンに二匹の兄弟狐がいた。兄の狐は英雄オタスツウンクル（歌棄人）の妹を誑《たぶら》かそうとして、人間に化けて出かけた。それを知った弟狐は、白い犬になって兄の悪企みの邪魔をしてきた。あるときついに兄狐が歌棄人の家に這入り込んで客座《ハルキソ》に坐った。それを知った弟も人間になって家長の坐る正座《シソ》に坐り、いかにも家の者であるように振舞って、客である兄狐に乾したサケの筋子を出して接待した。いやしい兄狐は早速大きな筋子を口に咥えたが、乾いた筋子は歯にくっついてとれなくなってしまった。はじめは前脚でとろうとしたが、どうしてもとれないのでついに後脚まで使い、つい夢中になって化けていたことも忘れ、大きな尻尾を出してしまった。弟はいきなり薪で散々に兄をなぐりつけて追い出し、歌棄人にこの事を夢で知らせた。歌棄人は兄狐に「もしこうしたことを繰返したら狐の仲間から追い出すから、弟のように正直な狐になれ」とさとしたが、すべては弟の差金であることを知った兄狐は怒ってどこかに行ってしまった。おそらくどこかの山奥であろう。

この説話にしろ、さきの日の神の生命を狙った黒狐にしろ、親子兄弟でありながら一方は悪狐であり、一方は善い狐であるが、この二つはいずれも屈斜路湖畔のコタンでの聴書きである。この他に同じ屈斜路湖畔での話に、石狩川の岸に住む老夫婦の娘の魂をとろうとするのを、漁の守神であるヤマセミに見破られ失敗する話、働き者のカワウソのとったサケを盗み、カワウソの頭を踏みつぶして逃げるが、最後には頭から筋子のつぶしたのをかけられて、毛色が筋子色になったなまけ狐の話などがある。いずれも芳しくない話であって、人間のための守神になるには程遠い存在である。そのせいもあってか、屈斜路コタンでは狐の頭を守神にしたり、それを使って占いをする者を嫌う。

こうした話は屈斜路だけでなく各地に伝えられている。石狩川筋の伝承にも、文化神サマイクルとオキクルミの子供が沖漁に出るのを見て、上の海が下になり下の海が上になるほどの嵐を起すが、小《ポン》サマイクルの射たヨモギの矢で射抜かれ、身体を二つに引き裂かれて片方を男便所に突込まれ、もう一方を女便所に捨てられるというものがある。また宗谷の伝承には、シュカラ・カムイ（鍋作り神の意で鍛冶屋のこと）の許嫁に化けたつもりで家に入るが、化けそこなって口が耳の根元まで裂け、耳の裏の毛が黒い牝狐の姿のままであることに気づかず、股の間に太い尻尾をさげてカバの木の茸を鍋で炊いていたので、シュカラ・カムイに笑われて逃げ出すという間抜けな狐が登場する。さらに釧路白糠の「川上の者と川下の者」という昔話は、川下の者夫婦が企んだ罠にかかって、死んだ真似をした川下の者のおかみさんに同情した狐たちが、酒に酔って川下人に皆殺しにされるというもので、これはまた根性のいい間抜けな狐である。

これらの話を分類してみると、①許嫁の女に化けて人間のところに嫁入ろうとする。②人間の男に化けて娘の魂をとろうとする。③嵐を起したり、日の神の地位を狙ったりするというものが多いが、その他に人間に憑いて気狂いにする（二風谷、富川、空知川筋）などというのもある。

沙流川筋に伝わるシコツ湖畔に棲む狐の自伝ともいうべき神謡は、狐が僅かな盗みをして罰せられ、人間の村《コタン》を破壊した経緯を物語って、人間の身勝手をいましめている。

私は人間の村に何か心配事が起きかけると、啼き声でそれを知らせて歩き、老人たちはそれを信じ神頼みをして難をのがれていた。ところがあるとき、川に行くと沢山のサケをうるかしてあったので、それを一尾半食べたところ村の若者に見つかり、盗人狐と罵られ、人間も鳥も住めない立木もない、陽の入る方の国に追放されてしまった。そこに来てみると私より先に、やはり魚を盗った罰で人間の国を追われたカワウソの神がいた。話し合っているうちに、あれだけ人間の為に尽したのに、僅かばかりの魚を盗ったことでこんな仕打ちをされたことが何としても腹立たしく、病気の神を人間の国に上陸させて、シコツ湖畔にあった村を全滅させてしまった。だから僅かなことで狐を叱ったりするものでない。と、一匹の狐が物語った。

キツネ送り

狐の神送り《イオマンデ》をするのは、なぜか狐の評判のあまりよくない東北部に多くて、西南部では行われたということをきかない。名寄ではシュマリ・チロンノㇷ゚・オマンデ（狐を行かせる）、千歳ではフレチロンノㇷ゚・イオマンデ（赤狐神を送る）、釧路屈斜路ではチロンノㇷ゚・ホプニレ（狐の出発）、釧路雪裡《せっつり》コタンではケマコシネカムイ・ホプニレ（足の軽い神の出発）などといっている。狐送りの話をきけたのは日高地方では穂別、静内、東静内、釧路地方では屈斜路、虹別、雪裡、十勝地方が最も盛大で芽室、高島、本別、足寄であり、その他では名寄、千歳等である。地方によって花矢や木幣の数は一様でない。十勝足寄の例をあげると、ヤナギの棒を組み合せて檻をつくって飼い、十二月頃熊などと一緒に送るが、熊の神の荷物背負の役をするので、熊のあとに送ると熊のお土産である木幣などを持って逃げることがあるので一番先に送るという。

花矢（送り主の家紋を刻んだ矢）は牝七十本、牡六十本を用意する。送られる狐には欠木幣《チメシユ・イナウ》を編んでつくった小袖《コソンデ》を着せ、同じく木幣でつくった耳環もさげる。肩には十文字にイラクサでつくった縄をかけ、さらにその先で尻尾の根元を縛って走らせる。若い者に矢を六本ずつ渡し、そのうち三本が当ると運がよいといって胴上げされる。祭壇には団子を六つ供え、神の国への土産として、五つずつさした団子の串五本と乾魚とを土産に持たせる。

キツネ踊り

釧路地方にだけある歌舞で、チロンノプ・リムセ（狐踊り）とか、チロンノプ・ウポポ（狐歌舞）と呼んでいる。

ハア　エイ　ヨー
ハア　エイ　ヨー
ソラ　エイ　ヨイ　サ
ハア　エイ　ヨイ　サ
ソラ　エイ　ヨ
ソラ　尻尾《エプイサラスイエ》をふれ

ハラ　エイ　ヨ

あたりでこれをうたうと、座の中央で太い尾をたらした者が右にとび左にはね、「尻尾をふれ」で尾をぶらぶらさせる。そこへ小弓をもった者が出て狐を射ると、狐がひっくり返って手足をバタバタさせる。

阿寒では大人の着物の裾を縛って尾にした子供が出て、四つんばいになってとびまわり、「尻尾をふれ」で着物を縛った紐を引いてぶらぶらさせるだけで、弓で射る仕草は入っていない。また屈斜路では狐になったものが出て踊っているところに、犬に扮した者がでて来て追いかけて大騒ぎになる。これは現在座興的なものになっているが、もとは山狩りに出かけるときの豊猟を願う、仮装舞踊であったようである。

樺太《サハリン》にもスマリ・ヘチリ（狐踊り）というのがある。若い女たちがススキの穂などを束ねて帯にぶらさげ、

コゥ　コゥ

と狐の啼き声を出して腰を屈め、膝の前で両手を打ち合せ、尾にした草束をふりながら輪になってはね進む。そして「ヒェー」といって前の人の尾にしている草を抜くと、抜かれた方は「キャー」と激しく尾をふりながら逃げる。これも今は祭の余興であるが、もとはどんな意味をもっていたのか不明である。

上／樺太のキツネ踊り

下／『十勝日誌』に描かれたキツネ獲りの図

狐を獲るには仕掛弓《アマッポ》も用いたし、平穽《バラサン》という、餌を曳っぱると重い木材がおちて来て獲物を圧しつぶす罠もあった。また松浦日誌の中の現在の旭川市内の記事に、「此辺狐多き由にてセッカウシ（名人）は一升入の油樽の古きが有しを持来り、暫時考居りしが、是に三寸釘三本を三方より打、裏の方に投置しや、其夕方狐一疋を獲来り、我等に饗しぬ、其捕方、桶の中の油臭きが故嘗んと首を突込や、釘は首にかかり抜ざる時隠居て打殺すなりと」（『十勝日誌』）とあるが、これは油を入れた空樽に底の方に向けて釘を打ち込み、油を舐めに首を突込むと首が抜けなくなるというものである。これと同じ方法で洞木に奥に向けて逆木を打ち、その奥に餌を置いて獣をとる罠は、フィンランドのヘルシンキ博物館にもあった。またノルウェーのオスローの民族博物館にある、ラップ族が狐を獲る罠は、平穽《バラサン》と同じものと、もう一つは股木の上に魚を吊し、それをとろうととびあがった狐が、前脚を股木にはさんで生捕りにされるというものであった。後者は樺太コタンで狐を獲る方法と全く同じで、これについて間宮倫宗の『北蝦夷図説』に「枝木を建て其上に魚を掛る時は狐魚を羨て木を攀ぢ上下する時、足此枝間にはさまれて終に得らると云」とある。なおスウェーデンのストックホルムの北欧博物館にも同じものがあった。これをたんに、獲物が同じだから、自然罠も同じであるというように割切ってよいものだろうかと思ったことであった。

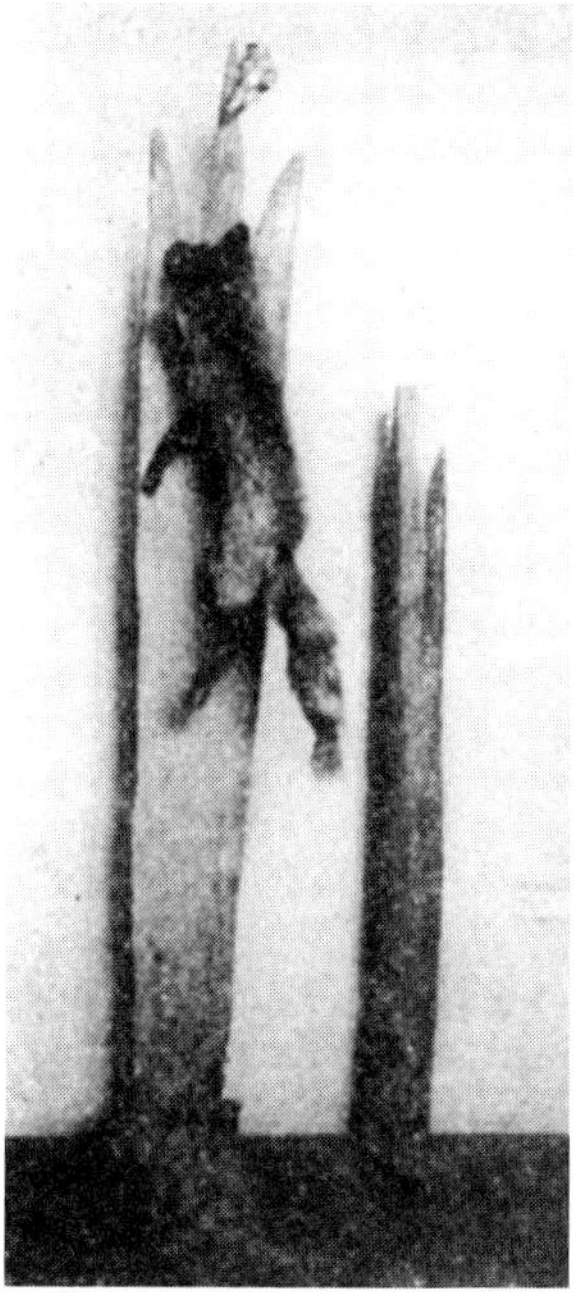
ストックホルム・北欧博物館の捕狐

『北蝦夷図説』の捕狐図

エゾタヌキ

釧路、北見、十勝地方ではこの愛嬌のある小動物を、牡は熊の叔父さんであり、牝は叔母さんであるといって、熊と同じように檻を並べて飼っていた。そして、もし甥子に当る熊に先に食物をやったりすると機嫌を悪くして、どんな好きなものをやっても檻の奥で不貞寝をして食べようとしないという、山狩りにいってもこの叔父さんを先に獲ると、人間は後から獲った甥子の方を大事にして神窓から入れ、自分は大事にされないで、きたない入口からかつぎ込まれる

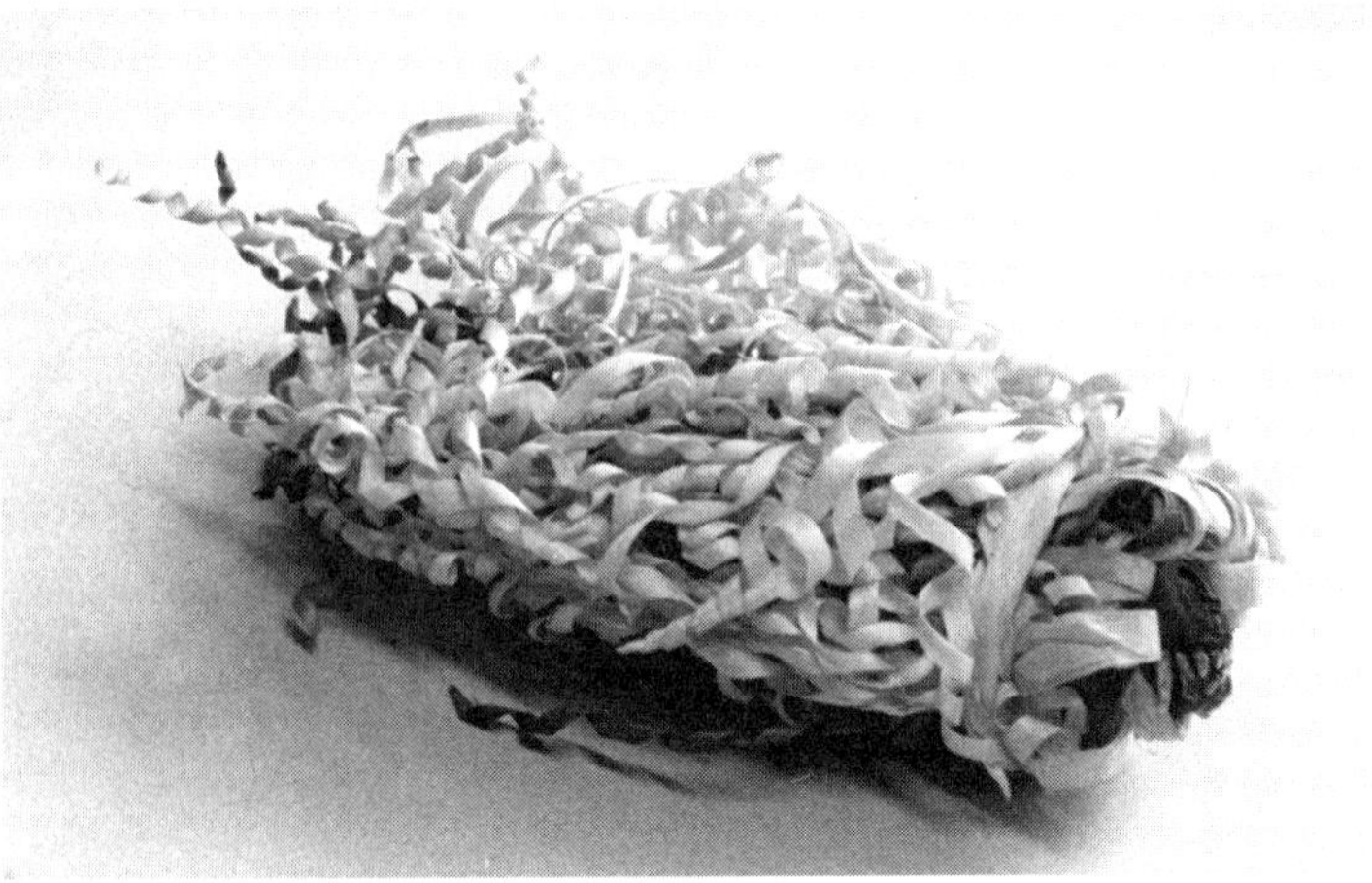

上／欠木幣に包まれたエゾタヌキ（二風谷）

下／タヌキ送り（二風谷）

と邪推し、熊を獲る邪魔をするから、もしこれを獲ったら一度家に帰って、送ってから出直さなければならないとしていた。

一般にモユㇰ（小さな、あるいは弱い獣の意）というが、モユㇰ・チロンノㇷ゚ともいう。名寄や屈斜路ではモユㇰ・カムイ（狸神）というし、北見美幌ではキムンカムイ・ケウシュッ（熊の叔父さん）とも呼ぶ。これを叔父さんというのは、熊の穴に居候をきめこんでいるからかもしれない。

狸送りのことをモユㇰ・イオマンテ（狸の魂送り）といって、十勝足寄では牡は十二本、牝は十四本もの木幣をお土産にもらい、欠木幣で編んだポンパケという小袖を着せられ、同じ耳飾りもつけてもらう。私は屈斜路と日高の二風谷とで二回これをみているのに、うかつにも花矢のことをきくのを失念していた。多くの地方では熊と一緒に送るときに熊より先に送るのであるが、名寄では後に送るという。

この叔父さんを獲るには、サケの鰓を焦したものを餌にした平弭《パラサン》というおとしをつかうこともあるが、岩穴にもぐっているのを、犬に咥えさせて曳き出すことが多い。犬のいないときには手頃の棒を切って先を割り、それを穴に入れて狸の身体に強く押しつける。そして棒をグルグルと廻すと、割目に毛がはさまって棒に巻きつくので、そろそろと引出すのである。進退窮った狸は人間を誑《たぶら》かしてやろうと、死んだ真似をして出て来て生捕りにされたり、首を締められて本当に往生してしまうが、首を締められても肛門で呼吸をするらしいといわれ、尻に棒を突込まれたりする。

この神様は仲々に行儀がよく、必ず自分自分の便所を持っており、他の者の便所に入ったり、やたらにそこらをよごすことがない潔癖性を持っている。だから狸の穴を見つけ便所の数を調べると、穴に何匹いるかわかってしまう。

東北部では熊の叔父、叔母で威張っているが、西南部に行くにしたがって熊の家来（鵡川）になったり、熊の飯炊（白老）であるから、いつも顔に炭をつけて働いているのだといわれたりするようになる。八雲では冬に獲ったものの頭骨は壁にぶらさげておいて、秋になってから木幣をつけて川原に持って行き、木の枝から枝へ横棒を渡し、それに二匹ずつ縛り合わせてぶらさげて送るという簡単なものであったという。

カワウソ

カワウソは一般にエサマンといわれているが、この語源について知里辞典に次のように解説されている。

この語の語原について、たしかなことは分らないが、ひょっとしたら満州語の saman と関係があるかもしれない。カラフトのアイヌは、その北方の隣人であるギリヤーク・オロッコ・ツングースなどからシャーマン教（E.Shamanism）をとり入れて、それを sáman と言っている（Cf. K.Kindaichi, AINU NO KENKYU, 2nd ed., 1940, p.33f.）。この語は古く北海道でも使われたらしく、カワウソの頭骨を以てする卜占を esámanki と言った（Cf.Batchelor, *Dictionary*, p.130）。この語の語原は、たぶん e-sáman-ki「それで・サマンを・する」であったと思われるが、saman の意味が忘れられるに従って、民間語原はそれを esáman-ki「エサマンを・する」と分析し、このト占にはカワウソの頭骨が多く用いられたので、esáman がカワウソの意味になったのではなかろうか。カワウソの頭を食うと放心状態になって物忘れするとか、カワウソは健忘であるとかいう信仰のあるのも、やはりシャーマン教に関係があるのではなかろうか。

この問題は同氏が昭和二十七年『北方文化研究報告』の第七輯に書いた「呪師とカワウソ」に詳しい。

カワウソが物忘れするという伝承は各地に色々な形で残っている。千歳には「この国をつくった国造神が、カワウソに川の流れの半分を山の上の方にも流せといったが、それを忘れて一方に流した」とか、「魔神を退治に出かけたカワウソが刀を差していることを忘れて、魔神のため散々苦しめられる。千歳川の川尻の神に応援をたのんだが、もう少し考えろと、笑って取りあってくれない。そこで川上に逃げて、イチカルポというところまで行ってそこの神に頼むと、お前の刀を使ったらどうだといわれてやっと気がついた」などという話がある。また日高の沙流川筋では、「カワウソが国造神に狐の着物をつくるようにいいつかるが、白い着物をつくって叱られた。そこで狐を川に連れて行って、サケをとって筋子をつぶし、それを塗りつけてやっと狐色に仕上げた」とか、「人間の一番大事なところを前額につけろといいつかったのを忘れて、股につけてしまったので叱られ、記憶力をすっかり取上げられてしまった。だからカワウソの肉を食うときには荷縄でしっかり頭をしばって、カワウソが頭に入らないようにし、それからする仕事の道具を、忘れないように全部縄の先にしばりつけておかなくてはならない」と伝えている。

それで物忘れする人のことをエサマンといったり（千歳）、エサマン・ソンゴコロ（カワウソの使い）といったり（空知）するし、熊送りのときエサマンという言葉は禁句で、これを犯した者は厳しく罰せられた。大事な祭事に忘れることがあっては大変だからである。熊送りばかりでなく山狩りのときも、カワウソを獲りに行ったときは別として決してエサマンといわず、パケ・カプテク（頭つぶれ）とか、サパ・カプケ・クル（頭禿げの神）という名を使わなければならない。

以上の伝承では少し間の抜けた存在のようであるが、空知や釧路地方の伝承には、「夜になると娘のところに忍び込んで、娘の命をとろうとするが、小歌棄人《ポノオタスツウンクル》の為に退治される」という不届きなカワウソも登場する。

また胆振の虻田に伝わる酋長談の中には、「ウラシペッ（網走の近在）の酋長が子供をさずけてくれるよう神に願ったところ、上半身がカワウソで下半身が人間の子供が生れた。それがカワウソの悪戯であるとわかり、カワウソはウラシペッの酋長の為に追われて退治された。カワウソは酋長の夢枕に出てあやまり、自分の生ませた子供を引きとり、ウラシペッの酋長から酒や木幣をもらって守神になった。そして今度は本当の男の子と女の子とをさずけた」というものがある。

日高門別の古老によるとエサマンと呼ぶのは釧路地方だけであるという。名寄地方ではエサマン・チロンノプとか、ウォルン・チロンノプ（水の中にいる獣）といい、ウォルシ・チロンノプというとこ

カワウソを獲る仕掛け（『北蝦夷図説』）

ろも多い。

昔はずいぶん沢山いたらしく、各地にエサマン・ナイ（カワウソ川）という地名があり、様似の語源もエサマンナイからでたものだという。松浦日誌の中にも、夜、鍋に残しておいた残飯をカワウソに食われてしまったとか、今の札幌市内の植物園のところで「氷の間に獺《うそ》を見つけしが是は何の子細もなく犬に取らしめたり」（『後方羊蹄日誌』）とある。このように、犬に追わせて獲るという猟法であったらしいが、犬に追われると犬の口に噛みつくので、犬は二頭でないといけなかったという。

小川は犬でよかったが大川とか湖では、カワウソの通るところに魚を餌にした毒矢の仕掛弓《アマッポ》をかけたり、エサマン・オプ（カワウソ槍）とか、エサマン・アイ（カワウソ矢）を山杖《キムンクワ》にさし込んで、突いて獲ったりした。

魚とりの名手になるためか泳ぎが上手になるためか、釧路屈斜路では子供の手首にカワウソの皮を巻いたりしたというし、北見美幌にはカワウソの目の水《シキ・ペ》を目につけると、夜でも川の中の魚が見えるようになるなどといういい伝えもある。

ネズミ類

熊送りの終った次の日、祭に集った人たちがまだ遊びたりなくてやる余興に、エルㇺ・ウポポ（鼠踊り）というのがある。ぞろぞろ子鼠をつれた親鼠と、ひっくぐしの罠をかけて鼠を捕えようとする人間の組とに分れ、人間の組はその場にある肉とか団子とかを餌として置き、その前に紐を輪にして罠をかける。そしてまわりの者が、

　スンカイ　ノ
　スンカイ　ノ
ハー　スンカイ　ノ
ハー　キナ　クス
ハー　ラルソー

とうたうと、子鼠を連れた親鼠が手をすりすり現われて、

ソク　ソク

ネズミ踊り（平取）

といって餌に近寄り、罠の間から素早く餌を盗みとって子鼠に渡す。罠にかからず全部餌を盗むと鼠の勝ち、罠に手でも頭でもかかると鼠の負けである。負けた方は皆に胴上げされるが、昔の服装で胴上げされるということはとてもつらいことであったから、この遊びはひどく真剣なものであったという。

これと同じような遊びが沙流川筋の方にもあることを、知里博士は『アイヌに伝承される歌舞詞曲に関する調査研究』の中に記しておられる。こちらは鼠と人間ではなく、鼠と猫とである。いずれにしても日頃身辺にいて、食糧を盗まれる鼠に対する腹立たしさと、親近感との織りまぜられたものである。

鼠は一般にエルㇺ、あるいはエルムㇴといわれている。そのため岬という言葉のエンルㇺと混同されて、岬の形が鼠に似ているとか、岬の神が鼠であるというような伝説が生れたりする。

家にいるエゾアカネズミのことをハルカラペ（食糧をあつめるもの）とか、イルラ・エルㇺ（物を運ぶ鼠）、フレ・エルムン（赤鼠）という。つぎにのべる、鼠が孤児を育てた話は、釧路の雪裡に伝わるものであるが、この話の主人公はこの鼠であろう。

山の中に一人の男の子と老人が住んでいた。

老人は毎日山に狩りに行くが、熊とか鹿などまとまった獲物を獲ることなく、小さな肉切れを二切れほどか僅かな穀物を集めて来て、子供を育てていた。

何年かたって子供が自分の弓で小鳥や兎を狙うようになり、鹿も獲れるようになった。すると老人は子供に向って、

「実は私は人間ではなくこの家に住む鼠である。お前が赤ん坊のとき、戦争でお前の両親が死んで、お前はたった一人残されて夜となく昼となく泣いていた。お前の両親は私がここに住みついたときから、肉をとったり何かを嚙ったりしても、一度も叱ったことがなかった。その子供であるお前が独りのこされて泣いているので、私は眠ることができず、考えた末に人間の姿になって、あっちこっちの村に出かけては僅かばかりの食糧を運んで来てお前を育てた。しかしお前も一人前になり、鹿も獲れるようになったし、私もすっかり年寄りになって働けなくなったので、元の住いに戻って死ぬつもりだ。私の死んだあとはお前の親類の者が来て、いい嫁も世話してくれるだろうから、もうこれきりお前にも逢うことができないだろう」

といってボロボロに毛の脱けおちた一匹の年寄りの鼠になり、よたよたと物陰に入って行った。

「お爺《エカシ》！お爺《エカシ》！」

といくら呼んでも、老人はもう帰って来なかった。子供は何日も泣きくらしていたが、そのうち親類のものが来て、昔のようににぎやかな村になったのだと。

星座の中で天の川の近くにエルㇺ・プ（鼠の庫）というのがある。四つの大きな星が庫の脚（プ・チキリ）であって、その中央に星雲のようなものがあるが、それがはっきりする年は不作で、豊作の年はぼんやりと見え、もしそれが南にかしがると津波、西に片寄ると山津波がある（日高門別）という。また胆振穂別にはエルㇺ・プよりも少しおくれて出るエルㇺという星座がある。この星座は頭と腹と尻と尾の四つの星からできているが、腹に当る星が左に片寄るのは腹が引込むことになるので凶作、右に寄るのは腹がふくれていることで豊作であると占ったという。しかし古老たちの視力が弱っていて、これが現在のどの星座にあたるかをたしかめることはできなかった。

土色をしたシチロウネズミとかドブネズミというのを、トィ・エルㇺ（土鼠）とかシトィ・エルㇺ（大土鼠）という。木の皮を噛る頭の丸くて尾の短いエゾヤチネズミのことはニオクイ（木の尻を噛る）と呼び、胆振虻田で海を渡って鼠の群れが泳いで来たとき、欠木幣で風の頭のようなものをつくってかぶり、鼠送りをしたことがあったというのはこの連中であったようである。

鼠がせっかく集めた食糧をヒバリに盗まれ、刀をもってヒバリをおどかすという歌があるが、これはヒバリのところで述べる。

玩具のようなトガリネズミのことを、エド・チケレ（鼻に触れる）といって、この鼠は鼻を叩かれるとコロリと参ってしまうという。こんなに小さくて弱いのに、釧路地方に、「ハン　キリキリ」という繰返しのある次のような神謡がある。

トガリネズミが遊びに出て、人間の子供の小さな弓で射たれて死んだ。

子供は小さなヤナギの枝で木幣をつくり、一粒の米と麹をつけて神の国に送ってくれた。トガリネズミはそれを背負って、あっちの草に鼻先をぶつけて気絶したり、こっちにぶつかってひっくり返ったりしながら家に帰り、酒をつくった。そしてカラスとワシを招待して酒盛りをはじめたところ、ワシが踏舞《タプカラ》をはじめた。カラスはそれがうらやましくなり、自分も外に出て行って人糞の塊を拾って来て、酒樽の上で踊りをはじめた。ところがそれを酒の中におとしてしまったことから、カラスとワシが大喧嘩をはじめた。困った鼠はあっちにぶつかりこっちに引っかかりして、何度も気絶しながらヒバリのところに仲裁を頼みに行った。するとヒバリは「酒を飲むときは私を忘れていて、喧嘩のときだけ私を思い出すのか」といったが、あまりトガリネズミが頼むので出かけて仲直りをさせ、自分も酒を飲んだ。

こんなつらいめにあったので、トガリネズミはカラスとワシを酒盛りに呼ばなくなった。ところがそれを恨んで、カラスとワシはそれ以後トガリネズミを狙うようになった。

エゾリス

エゾリスは狩人に木の上から小便をかけたり、木から降りて来て「タック　タック」と身体をゆすって人間をからかったり、「ククククク」と木をかけあがって行って人を小馬鹿にする。それで釧路地方ではウエンペ（悪い者）といって嫌い、朝これに出会うと縁起が悪いといって、猟に出かけるのを中止した。とくに手を合せて拝むような真似をされることを最も嫌ったという。またエゾリスを獲ったときは、山猟では碌でも無い者以外にはやらない、ハンノキの木幣をやったという。

釧路や十勝地方では普通ニオゥとかニョゥ（木渡り）といっているが、中央部（近文、空知、名寄）や西南部ではドス・ニンケ（巫術で消える）といってやはり嫌い、家に来るのは悪の神の使いで狩りの邪魔をするといって憎み（空知）、やはり猟の途中で見ると家に帰って来た（千歳）という。

知里博士の『えぞおばけ列伝』という本の中に、エゾリスが仔熊に化けた話がある。

昔ある狩人が山に行くと、熊の仔が一匹うろうろしているので生捕りにして帰り、檻で育てているとずんずん大きくなった。ある夜檻のあたりが騒々しいので、のぞいてみると檻の中にはツルリと禿げた少年がいて、外には編みかけの編袋《サラニップ》をかぶったような怪しい女がいた。そして女が手拍子をとると少年が踊っていた。

狩人が村の長老に相談すると、長老は熊送りの用意をし、悪魔祓いに使うウェンイナウ（悪い木

エゾリス（左は白変したもの。永田洋平氏撮影）

幣）というのを六本つくり、その中の一本を熊送りの祭主にし、他の一本を客人にして納屋と便所の間に立てた。普通の熊送りとは反対に不浄の場を祭場にしたのである。そして仔熊を女の貞操帯で縛って檻から出し、不意に棍棒で擲ると一匹の木鼠《りす》の死体になった。長老はそれを散々に罵り、細かく切り刻んで芥捨場に捨ててしまった。

これほど嫌われたエゾリスも毛皮の値段がでてからはあまり嫌わなくなり、木幣も普通のものを送るようになった。

しかしそれ以前にも、この獣の白変したものはレタㇽ・ニオゥ（白リス）といって、獲物をさずけてくれる守神として家の祭壇に飾られ、熊を獲ったときにはその血を頭に塗ってもらったという。

シマリス（永田洋平氏撮影）

シマリス

開拓当時は縞鼠といった。畑の作物を荒す悪者として散々開拓者の憎しみをかったものである。コタンでも冬になると地獄に行く奴だといって嫌い、十勝足寄ではウェン・クル（悪い神）といったという。松浦武四郎の『後方羊蹄日誌』ではエゾイタチやエゾモモンガと一緒に図解して、

しまねつみ松前方言　夷言ルウチロヌフ東部カセクルクル西部　ユヘシルヲチトカ等場所に依て名異る也。大さ五六寸虎文にして色また虎色なり、木の枝梢を伝ふこと鼯鼪《リス》よりも疾し、好て木の実を喰す、是華錦鼠清文鑑鼦鼠原雅石虎事物紺珠等に当たるかと思はるなり。

とある。近文、空知、千歳などの内陸部

ではルオー・チロンノプ（縞のある獣）という。近文などでは堅雪の頃木の穴から出て来たのを追いかけ、木にのぼるとゆすぶり落して捕え、簡単な棍棒木幣をつけて太い木の根におき、「大きな熊をさずけてくれ」などと頼んだりもするが、山に入る前にこの獣が尾をたてて騒いだりすると渋い顔をし、ササ束で身辺を浄め大木の神に頼んだりもする（空知）。屈斜路では嫌われながらもニスィコルクル（木の穴を持つ神）と呼ばれ、名寄ではニドス・ニケ（木で巫術を使い消える）などと呼ばれる。

エゾイタチ

昭和の初め屈斜路湖畔の小学校に赴任したとき、校舎の傍の祭壇に木幣に包まれた異様な小動物が納められているのを見たことがある。古老にわけをきくと、これは山幸を授けてくれる、パイサチリカムイ（エゾイタチのことである。知里辞典ではポイサチリカムイで、おそらくコエゾイタチのことであろうとある」で、この神は孤児になったオタスツウンクル（歌棄人）の子供のために叔父になって愛育し、熊を獲ること、魚を漁ることを教え、成長したのを見届けてもとのエゾイタチになったという、神謡《サコルペ》の主人公であると教えてくれた。

松浦武四郎の『後方羊蹄日誌』に、

シヤチリ アツケシ方言 また アヲタコタンホンセタ 西部 ウハシチロヌフ クスリ 等名有、大さ五六寸細く長くして鼬に類す、其駆ること疾くして飛が如し、得ること至て難し、雪降る時は白く成、融るや灰色になる、今是を銀鼠に当

守神にされたエゾイタチ（阿寒）

れ共、銀鼠は白鼠のことにて大に異也、
余は是を跳兎《チャウト》北征録に当る、其故は兎の類
雪中に成るや白く、雪融るや灰色に変す、
何れか是ならん識者の考えをまつなり

とある。これに対し動物学者犬飼哲夫博士は「エゾイタチは身体の大きさが十五センチ尾が三センチほどで、好んで山岳地帯に住み、極めて敏捷に活動し、大雪山などの高山では、頂上近くの岩場に現われて、ナキウサギを襲っている。夏毛は腹側が白く、背面は濃褐色で、冬には全身が白化するが、尾の先端だけは夏冬黒いことが、見分け易い特徴がある」（『北方動物誌』二九頁）と解説されている。私は真冬の層雲峡の雪中で、積雪の中を潜って歩く、白変しないエゾイタチ二匹を見て、そのことをコタンの古老に訊ねたが、白変しないものがたまにいるということであった。

この小動物がなぜ狩りの守神であるのか、理由は明らかにされていないが、人間生活に悪戯をする鼠をよく捕えてくれるからで、狩りの名手であるからかもしれない。

私の聴書きではこの獣を狩りの守神にするのは日高静内や千歳あたりまでで、虻田ではウパシチロンノㇷ゚とはいうが神にしないという。松浦日誌に西部ではアヲタコタンポンセタ（地獄の小犬）というとあるように、西南部ではあまり喜ばれない存在であったようであるが、十勝（本別、帯広、音更）や釧路の屈斜路や虹別ではサチリカムイ（サチリ神）と呼び、特に本別では意味は明らかではないが、チカシノノップとか、アノノカカムイ（人の形をした神）とも呼んだという。また名寄ではウパシチロンノㇷ゚・カムイと丁寧に呼んでいる。

エゾテン

西南部や石狩川、天塩川筋ではホイヌといって、日高の海岸では魚のカジカと同じように、暴風雨《しけ》を呼ぶ呪術に使われた。ホイヌ・サパ（テンの頭）を浜の砂に埋めて「嵐を起こし、ここまで波を呼べ」と要求したり、この皮でつくった手袋《テクンペ》を海に持って行って、水をつけて振りまわしながら踊ると、海が時化てくるというものである。

東北部の釧路を中心に十勝や北見地方では、ホイヌともいうが多くはカシペキラ（杓子をもって逃げる）という妙な名で呼んでいる。これについて知里辞典では、

〃しゃもじを持って逃げるもの〃などという奇妙な名がどうしてついたのか。この動物は、むかし、よくアイヌの家に忍びこんで、いろいろな物を盗んでにげた。もしそんなところを人に見つかると、あべこべに、とがめだてするかのように、歯をむきだしていがむので、ikka-ka-o-niwen-hoynu〔盗んだ・上・に・いがむ・テン〕という名まであった。そういう習性がある上に、この動物は山の神（クマ）の料理人だという信仰があるので、アイヌの家に忍びこんで、料理に使うしゃもじを盗んでにげるものというあだ名がついたのであろう。

と解説されている。

このカシペキラの中に斑点の付いたものがある。これをコシンプ（妖精）といって、人間の魂を狙うものであるといって嫌い、こんなものを獲ると皮も剥がずに胴切りにして、木幣もつけずに立木に縛りつけて投げておいた。

これを獲るにはアッペとかアック（仕掛弓）、あるいはアック・スポップ（仕掛弓箱）とかトペㇷ゚という罠を用いる。これにかかったものは前脚は前脚、後脚は後脚で縛り合せ、小さな棒木幣を抱かせるように持たせ、家の入口の壁にかけておく。肉は骨のついたまま刃物で叩いて挽き肉のようにして、カムイタㇰタㇰ（神の団子）にして食べた。昔はこの皮をつなぎ合せて蒲団にした酋長もあったというが、皮が小さいので普通はあまり実用にされなかったという。

上／アッペ（千歳）

下／テンを獲るトペプ

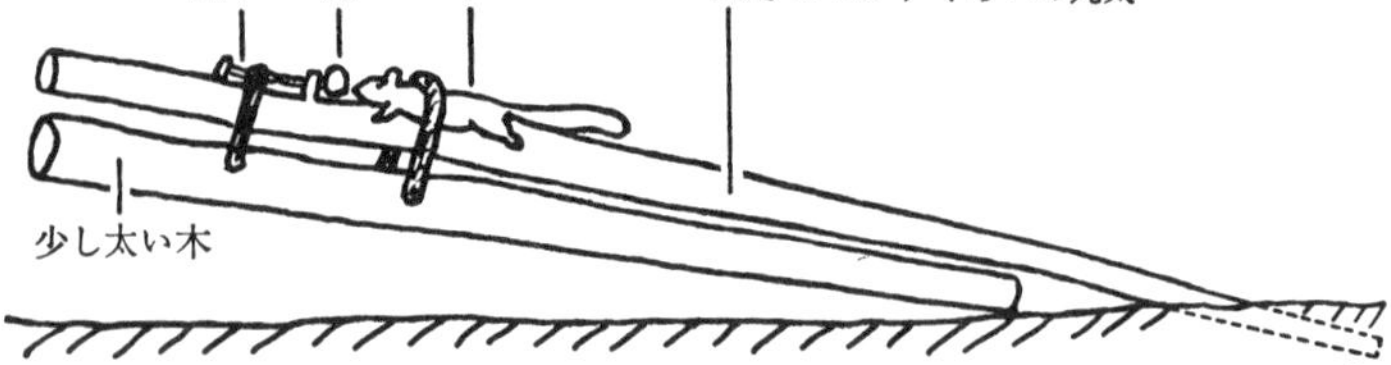

餌をひくと止木がはずれ、下の木がさがって獲物の首をしめる。

エゾモモンガ

一般にムササビとかバンドリとか呼ばれているが、コタンではアッとかアッカムイといって、子供をあやしお守りをする神とされ、日高静内ではイフンケ・カムイ（子守歌の神）とも呼んでいる。この小獣は洞木の中に棲み、〝フンフン・ハタフン〟といって啼くが、その啼き声がコタンの子守歌の〝ハタハ　ホーホ〟とか〝ハタハ　ンー〟、〝アフワ　アフ〟などという繰り返しに似ているからである。そしてこの小獣は、仔が夜泣きするので子守りをしているのだという。

静内町田原に「ハタハ　オー」という繰り返しのある、アッカムイの子守歌という神謡がある。

昔、オタスツの酋長は、夫婦仲よく幸福にくらしていた。ところが急に酋長がおかみさんにつらくあたりだしたので、おかみさんはいたたまれなくなって山の中に入った。そして大きなカツラの木の根元にうずくまって、このまま凍死しようと、熊に食われようとどうにでもなれと思って寝ていたら、アッカムイがカッラの木の上で「ハタハ　オー　これ女よ、早く帰りなさい。早く帰らないとお前の夫は、ポンカンナカムイ（小さな雷神の意で蛇神のこと）の妹にとられてしまうよ。お前の夫が急にお前につらくあたるようになったのは、ポンカンナカムイの妹がお前の夫を好きになり、そのためにお前たちの間を悪くしたのだから、早く帰って悪い女を追い払わないと、夫の生命もあぶないぞ。早くお帰り」といった。急いで帰ってみると、ポンカンナカムイの妹がすでに家に来ていたので、髪を摑んで外に引き出し、鎌でズタズタに切りきざみ、川原にまき散らして地獄に突き落そうとした。するとポンカンナカムイの妹が夫婦の夢枕に立って「私が悪かったから勘弁しておくれ、どうか地獄に落すことだけはやめて、生命の短いフキでもいいから、毎年この世に出られるものにしてほしい」といって泣きながらたのんだ。夫婦はその願いをきき入れ、ポンカンナカムイの妹はフキにされることになった。それでフキの枯れて倒れたのは蛇に似ているのである。

そしてオタスツの酋長はアッカムイのおかげで、また夫婦仲よく平和な生活に戻った。

松浦武四郎の『後方羊蹄日誌』にこの小獣の挿画があり、解説に「アッポウ方言《アッケシ》是鼺鼠の一種かと思はれるとも大に異る也、朽木の穴に住み至て柔弱《ヨハキ》もの也、毛もまた至て和らか也、余石狩の産とアッケシの産と二つを蔵せり」とある。アッポウについて知里辞典には「日常会話では指小辞 -po をつけて átpo と言うことも多い」とある。

コウモリ

旭川と神居古潭の中間の石狩川の右岸に、カパップ・サイ（コウモリの群）と呼ぶ大きな石があり、コウモリが群れていたところだという。この石より上流は川の流れもゆるやかだが下流は流れがきつく、川の中に玉石があって網を曳くのに危険なので、石狩川でサケ漁をするときにはこの石を目印にして、それより上流で曳網をし、この石には木幣をあげたという。

コタンではコウモリをカパㇷ゚と呼ぶ。その語源について知里辞典では「語原ははっきりしないがKap〝皮〟Kap-ne〝皮ばかりの・中身のない〟Kapar〝うすっぺらな〟Káppa〝なめし皮〟などに関係があるらしい。Kapの反復形Kap-apで〝皮の如くうすっぺらなもの〟の義であろうか、或はまたKapar-čikapの中略形でもあろうか」とある。昔はコウモリを獣というより鳥として考えていたので、鳥と比較して薄っぺらな翼を持ったものと呼んだのかもしれない。

昔、穂別のニワンコタンが疱瘡神《アプカシカムイ》に襲われた。疱瘡神は人間の爪を鏃に、肋骨を弓にして人間を狙いうちにし、人々は弦音のするたびにバタバタと斃れた。ニワンの人々は鵡川を伝って上流に逃げ、沙流川に越えるルベシベ沢に逃げ込んで火を焚いて夜を明かしたが、その焚火のまわりを無数のコウモリが飛びまわって光を遮ってくれた。そのため「ここまで獲物の来た足跡があるのに、これから先どっちに行ったのだろう」という疱瘡神の話声がして明方まで騒いでいたが、夜が明けるとどこかへ行ってしまった。それでこの付近の人たちはルベシベ沢のコウモリに酒をあげて感謝するのだ。

これは穂別のシケレベコタンの古老が語ってくれた伝説であるが、これがどういう現実に根ざして語り伝えられたものか明らかではない。

イ　ヌ

氷の上に何神かが辷った
氷が一番偉い
氷が偉いといっても太陽にとけるでないか
太陽が一番偉い
太陽が偉いといっても雲にかくされてしまうでないか
雲の方が偉い
雲が偉いといっても風に飛ばされてしまうでないか
風が一番偉い
風が雲や土を飛ばすから偉いというが木が風を押えるでないか
木が一番偉い
木が偉いというが人間が伐って火にくべるでないか
だから人間が一番偉い
人間が偉いといっても半分死んでいるでないか
死神の方が偉い

そういうが死神だって犬には見付けられる
だから犬が一番偉い

これは十勝芽室太《めむろぶと》に伝わる伝承である。犬は人間の感覚でわからないものを感知する能力をもっているものとして、このようなことがいわれているのである。地獄穴という洞窟に入って地下のあの世に行くと、死者たちには外から入った者の姿が見えないのに、犬が見付けて吠えつくので逃げ出すという話もあり、またこの世に幽霊が来ても人間には見えないが、犬には見えるといわれている。

昔は犬も人間と同じように喋ることができたという話もある。

人間の始祖のアイヌラックル（人間の臭いのする神の意で、半神人）が天上に行ってアワやヒエのおいしさを知り、自分の両脛をたち割ってそこにアワとヒエを一穂ずつかくして持ち帰り、それを便所の傍に蒔いておいた。そのことが天上に知れ、天の神は犬にいいつけて抗議におろした。アイヌラックルは盗んだのではなく、天上から帰ったあとにした大便から生えたのだといい張るが、犬が負けずにうるさく抗議したので、アイヌラックルは魔力のあるイケマ（ガガイモ科の植物）で犬の口を叩いた。そのため犬はそれきり言葉が使えなくなってしまった。

これは日高荻伏の姉茶《アネチャ》コタンに伝わるものであるが、この動物が人間の言葉をききわける利巧さから生れた伝承であろう。

寛政四（一七九二）年、幕吏串原正峯は『夷諺俗話』の中で「蝦夷地の犬は夷言にセタと云、夷家毎に犬を飼置、山猟に出る時犬を多く連行、熊を見請たる時は矢を放つに、やがて其熊夷の方へ飛来るを犬吠懸り、熊の後へ廻り尻へ喰ひ付ゆへ、熊も立戻り犬とかみ合居る内に二の矢を放し、熊を射留るなり」と、犬が熊狩りになくてはならない存在であることを述べているが、白老コタンでは猟犬は熊のところに火の神の使いとして迎えに行くものであり、矢毒や松脂の神は、おとなしく火の神のところへ遊びに行きましょうと誘うのであるという。

普通犬のことをセタとかシタとかいうが、十勝辺ではアペフチ・ミンタㇽウㇱクル（火の神の庭にいつもいる神）といい、釧路や北見でもミンタラウシクルとかミンタラ・ウシペ（庭にいつもいるもの）と呼ぶ。またこれが死ぬと北見、釧路、名寄辺ではレエㇷ゚（這うもの）とかレエㇷ゚・カムイ（十勝）と呼んでセタなどとはいわない。

釧路白糠の物語に、犬は昔病気の神であったというのがある。

昔姉妹の病気の神がいた。姉は性悪で、この世にありとあらゆる悪い病気をばらまいて歩いたが、妹は心根のやさしい神であった。妹は姉のためにコタンの人々がむごたらしい死に方をするので、コタンの酋長に病気の神が最も嫌うのはイヌエンジュやキタコブシ、それにカラフトキハダの実などだから、それを湯に入れて飲んだり身体を洗い、戸口や窓にさげておくようにと教えてやった。そのため姉はコタンを歩けなくなったので、妹を叩いて叩いて、まるめて投げ捨てた。妹は仔犬になってうろつき歩いていたが、いつか助けたコタンの酋長に拾われて育てられ、それから犬というものができたのだ、と。

樺太《サリハン》では仔犬の頭に木幣をつけて窓にさげ、北見美幌でも頭を欠木幣《チメシユ・イナウ》に包んで家の中にさげて、病魔が入り込まないように番をさせたりするが、それはこうした伝承によるものかもしれない。

また寛政十一（一七九九）年村上島之丞の著した『蝦夷島奇観』という絵巻物に初めて紹介され、後に松浦武四郎の『東蝦夷日誌』にも現在の日高富川（佐瑠太）辺の古伝として次のように記された伝承がある。

太古に南方神の国より女神一人虚船に乗て爰に来り住玉ひしに、何処よりか一匹の犬来り、此神に馴近きて、心有気に日々木の実、艸《くさ》の実又は魚等を取り来り供奉しけるが、不思議なる哉、何時となく此神后孕み玉ひ、多くの御子達を産玉ひしが、此国内を知らし玉ひしと浄瑠璃《ユウカリ》に有る由、又村上檍丸《あおきまろ》が蝦夷奇観〔『蝦夷島奇観』〕に、昔しシツナイと言処と有、是フツナイの誤り哉。

これについてはオオカミのところで述べた通りで、ここで犬と訳されているのは、実は狼のようである。もちろん犬にしても狼にしても現実に人間と混血されるはずはないが、狩りの上手な狼の血が混ることによって、狩りの名手になるという信仰の中から生れた伝承であるかもしれない。

犬と狼とは現在の動物学的にはちがうというが、日高沙流川筋では犬送りをするときには、犬を山の方に向けて、

「あなたは最も祖神の偉大な方であるから、祖先の狼神の国へ行くんですよ」

といって送る。信仰的にははっきりと、犬の祖先は狼であるとしているのである。

犬送りは飼犬が仕掛弓《アマッポ》にかかったとき（北見美幌）とか、春の狩りが終ったあと、山に連れていってもあまり狩りの手助けにならなかったものを殺したとき（釧路雪裡）に行われた。セタ・オマンテ

イヌ送り（二風谷）

（犬を送る）といって、頭に皮をつけたまま、棍棒木幣を添え、乾魚や鰓の半焼きにしたものを火の神の弁当としてもたせるだけである。家の守神にしたものは主人が亡くなると、祭壇でなく山にもって行って納めた。

肉は食糧にし、皮は着物や敷物にしたり、テクンペ（指先の出ている、腕まで入る手袋で、手を使うときは指を出して、働かないときは手を袋の中に引込める）とか、頭のかぶりものを作るのに用いた。

その他の獣

イノシシ

英人ジョン・バチェラー博士のアイヌ語辞典の中に『Tontoneppo』トントネッポ、キノシシ」とあり、「トントネ」とは「禿ゲタル」ということであると記されている。猪がコタンの生活の中に存在したことを肯定しており、考古学的にも猪の頭骨が発掘されたとあるが、函館博物館にある駒ヶ岳山麓で獲った猪といわれていた剝製は、動物学者によって野生化した豚であると判定された。現在のところ実際に生息していたかどうかたしかめられてはいない。

トナカイ

樺太《サリハン》ではエタラカ・カムイなどともいわれるが、普通はトナカイといっている。この獣を獲ると、頭に木幣をつけてトナカイの祭壇に送り、骨は山に納めたという。

ウマ

馬がいつ北海道に渡ったかは明らかでない。慶長の末の記録に馬のことが書かれているが、これがオホーツク海岸のコタンに姿を現わしたのは文化四（一八〇七）年の頃で、「大きな鼠だ」と思われたという。ウマがなまってウㇺマなどといわれ、よい乗馬である駿馬のことはチョゥメといわれた。明治になってからは駄送用の駄馬を馭す若者たちの叙情歌《ヤイシャマ》として、

鳴輪　チャン　チャン
轡《クチワ》　チャ　チャン
早足《チミチ》で走れ
速歩《アユンピ》で走れ

などという馬方節がうたわれたりもした。

十勝本別で採話した昔話の中に、他では全くきくことのできない馬の話があった。

歌棄人《オタスツウンクル》はコタンの中心人物で、その村は川上に五軒、川下に五軒、合せて十軒あった。ある時その村にどこから来たかわからない者が来て、家々を訪れるのだが何も喋らない。「何かほしいものがあるんでないか、ほしいものがあったら作ってあげるよ」と人々が親切にいうが、何もいわずに泊っては次々と隣の家に行ってしまう。

歌棄人が家にいると小鳥の声や犬の声で、その者が近づいていることがわかった。何時来るのだろうと思って外で仕事をしていると、人か神のような立派な姿の者がやって来た。そして歌棄人の家に入って来たが、うわさの通り何もいわず、ただ首をたれてかしこまっているだけである。きっと「ほしいものがあるのだがいえないのだ」と思い、「ほしいものがあったら作ってあげるよ」といったが、やはり何もいわずその夜は歌棄人の家に泊りこんだ。翌日朝飯をすませてから、歌棄人は何とかその人の心を和らげて喋らせようと、どこから来たかとか、親がいるのかなどと話しかけた。しかし依然黙りこくったままなので、

「もしかしたら轡がほしいんでないか」

というと、さも嬉しそうに二度三度礼拝して、はじめて口を開いた。

「私たちは人間の国に行って人間の役にたてといわれ、天上からおろされた。地上におりた私は、轡をお守りとして一生懸命働き、よい暮しをしていたが、そのうち歳をとり死んでしまった。ところが、死ぬときにお守りの轡を貰ってこなかったため、やることなすことよくないことばかりだった。そこで再び、ぼんやりと人間の世界に舞い戻って来たが、言葉が喋れないのと気の毒なのとで、誰にも頼むことができず、何がほしいかわかってもらえなかった。それが今、あんたのところで頰ぺたを叩かれたようにいいあてられ、初めて喋れるようになり本当に有難かった」

そういってニーヒヒヒンと嘶くと、喜んで神窓からとび出し、足音も高く馬の神の国の方に消えて行った。

それからは歌棄人の家の馬も牛も、馬はよい馬、牛はよい牛をどんどんと産むようになった。歌棄人はたちまち金持ちになり、人々からも親方は神様みたいな人になったといわれるようになった。有難いことだと、歌棄人は酒をつくると天にもあげてお礼をし、そして段々歳をとり、子供や孫たちも沢山になった。馬を大事にしたお陰でこんなになったのだから、お前たちも馬を大事にしろよといって歌棄人は息をひきとったと。

これはもちろん明治になって、馬牛を飼うようになってからの伝承であろう。

ウシ

ウシは東北方言のベコが訛って、ペコと呼ばれているが、これは明治以後に昔の漁場制度が崩壊して、漁場請負人が軍隊用の肉牛牧場をやるようになってからのものであろう。

ネコ

猫が訛ってメコと呼んだと思われるが、知里辞典によると釧路春採では「méekot〔meko の民衆語原解〝寒さで死ぬるもの〟〈me（寒さ）ekot（で死ぬ）〕」と言っている」とある。また東北方言のチァペという名でも呼ばれる。

日高襟裳岬のエンルㇺ（突き出ている頭）を鼠のエルㇺと混同し、襟裳岬の神は鼠なので、あの岬を猫を乗せた船が通ると難船するなどという伝説も流布した。

ヒグマ

北海道では生きている熊のことをたんにカムイ（神）と呼んでいるが、本来カムイとは人間の目には見えない霊的存在のことである。熊は他の野獣と同じように、人間の近寄ることのできない深山にある神の国で、人間社会と同じように家をつくり火を焚き、生臭い夫婦生活もしていて、時たま人間社会に遊びに行きたくなると、人間の喜ぶ肉と毛皮とをお土産に持って、精神の浄らかな人間を訪れるべく山をくだって来る来訪者なのである。来訪を受けた村ではこぞってこの来訪者を歓待し、人間界の最上のもてなしをして、再び神鎮まる奥山に多くの願い事を託して送り返すのであるが、それを神送り《イオマンテ》とか神の出発《カムイ・ホプニレ》という。山に帰った神は一族はもちろん多くの近親者を集めて、人間界から贈られた馳走で酒宴をひらき、人間界のたのしさを披露宣伝して、まだ行ったことのない神々を人間界に誘うのである（北海道の熊は本来羆《ひぐま》であるが、慣習に従い、熊と書くことにする）。

カムイの他に一般にキムン・カムイ（山の神）ともいうが、年齢によって仔熊のうちはヘペレとかイビレ、あるいはペウレㇷ゚と呼び、二歳になるとリヤㇷ゚（越冬した者）、三歳をシリヤㇷ゚（本当の越冬者）とかドパリヤㇷ゚（二年越冬した者）といい、牝はクチャン（狩小屋持ち）とも呼ぶ。そして四歳になってはじめて、キムン・カムイと呼ばれるようになるのである。またまれに首に月の輪のある（牝熊に多いという）ものもあり、これをイムッ・カムイ（首飾りをさげた神）といい、妊娠中のものをキロロ・パセクル（気持の重い神）、仔連れ熊をペウレ・コルペ（仔熊を持つ者）、二歳仔を連れているのをリヤプ・コルペなどと呼んで区別している。さらに成獣の牡をカムイ・エカシ（神爺）とかカムイ・ニシパ（神親方といい、牝熊をクチャンの他にカムイ・カッケマッ（神奥方）と呼ぶこともある。

また狩りにでるときには、特にパセ・チロンノプ（偉大な獣）、カムイ・チコイキプ（神である獲物）といったり、ふとったものをシケ・カムイ（荷物を持った神）ともいうなど、その呼び名はきりがない。

穴グマ狩り

穴熊狩りをするのは一月から三月の彼岸頃までである。あまり早いとまだ仔熊が産まれていないので、雪がとけはじめた彼岸頃の、自由に堅雪の上を歩いて穴を探すことのできる頃がよい。

仔熊が産まれるのは一月末頃から二月頃である。空知では寒中のひどい寒さのことをキムンカムイ・ポーカウシペ（熊の仔の上にあるもの）といい、また釧路地方では二月頃に降る雨をキムンカムイ・ポソシケ（山の神の産湯）と呼んで、いずれも熊が仔を産んだ知らせであるとしている。

熊には熊同士にだけ通ずる印しがある。尾根の通路にある爪跡は休み場所などときまっているが、尾根でないところの太い立木に、横に引掻いた爪跡はチセ・シロシ（家の印）とか、カムイ・ニシルシ（熊の木印）といって、近寄る仲間に対しては領土の宣言であるが、猟人に対してはむしろ近くに私の穴がありますという案内板のようなものである。また熊は穴の中に敷くために若い柔らかなササを集めるので、穴の周囲十メートルから二十メートル四方ほどのササが綺麗に刈ったようになってい

上／爪で穴の近くの立木につけた印

下／穴グマ狩り

て、穴のあることを知ることができる。なお穴は多く陽当りのよい南斜面にあり、深さ二メートル高さ一メートルほどの土穴か洞木、または岩穴などである。中には木の葉や枯草を敷いてあり、穴の中で寝返りを打ったりするために土埃がたって、穴口を黒く染めているし、掘り出した穴の土の高まりなども、炯眼な狩人にその所在を教える役目をする。そして出した土が穴の右の方に出ていれば牝の入っている穴、左ならば牡であることも知れる。

石狩川筋や天塩川沿岸、十勝、釧路、北見地方では熊の穴には所有権がなく、他人の知っている穴であっても、先に入っている熊を見つけて獲ったものの所有になる。しかし日高、胆振、十勝の一部では穴に所有権があり、穴の近くの立木に家紋が刻まれていると、他の者が自由に獲ることは許されない。村々の猟区《イオロ》もきまっていて、他の猟区で狩りをするときには、イオロ・アイタ（猟区税）として刀の鍔や宝物を出し、仲間に入れてもらい狩りをした。もし自分のイオロから追い出した獲物が他領に入って斃れた場合にはイオロの酋長に話をし、大体イオロ側に四分、獲った方が六分という率で分けたという。また他人の矢印《アイシロシ》のある矢の刺ったものを獲った場合には、その矢は所有者に返される。

渡島長万部では他人の所有する穴の熊を獲った場合には談判《チャランケ》になる。まず三ヶ所に削りかけをつけた棍棒木幣をつくり、上の方の削りかけ一つを切って抗議を受けた方が持ち、下二つの削りかけのついた元の方の木幣をチャランケをつけた穴の所有者が持つ。そして各々熊の神に祈願をし、間違いに気付くと仲介者を入れ、両方の木幣をもちより元の形に合せて神に帰すという。

狩りに出かけるとき、釧路雪裡《せっつり》では炉の隅に祈願木幣《イノンノ・イナウ》を立て、火の神や祭壇を守る神に祈願をし、矢毒《スルク・カムイ》の神に魂を入れ、矢筒に六十本の矢を入れ、単独か二、三人の集団で犬を連れて山に出かける。古い穴を見に行くときは百メートルほど先から被り物を取って近づき、十メートルほどになったら「神様をのぞかしてもらいに来ました」といって二メートルほどに近寄り、他家を訪問すると同じように「エヘン！ エヘン」と咳払いをして様子を見る。入っているようだと直径十センチほど、長さ二メートルくらいの根元を尖らせた棒を二、三本穴口に十文字に入れ、先の方に荷縄をつけて後の立木に縛る。すると、熊は入るものは何でも手元に引寄せ、決して押し出すということをしない習性があるので、自らこの棒を手元に引寄せて穴の底に差込むようにして、穴から出にくいようにしながら、無理にその間から頭を出そうとする。そこで「ホホーッ」と喚声をあげて毒矢を射かけるのである。

西南部でも大体同じであるが、出かけるとき祈るのは火の神と猟区を支配する山の女神である。また毒矢よりも、ナナカマドなどを柄にした鉄か真鍮の山槍にトリカブトを松脂でねったのをつけ、それで突く（虻田）ことが多い。

野営

寒い季節であるから野営して歩くことも容易ではない。よい狩場には狩小屋《カシコツ》を用意してあって、そんなところにはオカシベツ川（登別市。そこに狩小屋のある川の意）、可笑内《おかしない》川（乙部《おとべ》町）、岡春別《おかしゅんべつ》川（日高町）などという地名があって、昔の狩小屋のあったところを示している。西南部ではクチャ・キナ（狩小屋莚）というガマ莚を持って行って仮小屋をつくったというが、寒波の厳しい東北部では

野営する洞窟の入口（知床）

行き暮れた雪原でも火を焚いて、何の覆いもないところで凍てつく夢を結んだ。その際には東の方に伸びたトドマツなどの下（西に傾いた木やドロノキの下は避ける）の雪を踏みかためた上に燃え難いナナカマドの木などをロストルとして敷くか、他の木を敷いた場合には川砂をのせるか、カツラの皮を燃やした灰で敷いた木と火を遮断する。その上で枯木でなく（枯木の燃えたのは熾にならずすぐ灰になって消えてしまう）イタヤ、ヤチダモ、アオダモなど、冬でも生木のままよく燃える木を焚き、消えない熾をどっさりつくる。そのまわりで火の方を向いたまま獲った熊の皮などをきて仮寝の夢を結んだのである（火の神の方に背中を向けて寝るということをしなかった）。雪が降ってくると股木を二本立てて横木を渡し、それにトドマツの枝を立てかけて雪を防いだ。

焚火をして雪のとけてあたたまった穴に、木の枝を敷いて寝た（斜里・塘路）という野営の方法は近代のものらしく、近隣ではそうした野営はしなかったという。

また洞窟とか熊の穴に泊るときには、洞窟の神に木幣をあげて挨拶をし、火を焚き、酒をつくる材料の米と麹を混ぜたプスクスリというのを、酒のかわりにあげて祈った。洞窟が乾いてくると石が落ちたりするが、決して「石がおちた」といわず「煤がこぼれた」といって、それが頭にぶつかっても悪口をいってはならない。また今にも頭に落ちそうになっている石でもとってはいけない。もしそれをとると、とった者の頭の上に石が落ちるという。

山狩り

フワ　ハエン
ウシㇲキナは　投げろ
フワ　ハエン

これは春に穴を出た親熊が、仔熊に子守歌としてうたってきかせるものだという。この歌のウシㇲキナというのは、千歳辺ではフユノハナワラビをそう呼ぶが、この歌の採集された沙流川筋では、ミズバショウのことである。ミズバショウはパラキナ（幅のひろい草）ともイソキナ（熊草）ともいうが、この草には毒分があって、これを食べると猛烈な下痢を起す。穴を出た親熊はこれを食べて激しい下痢を起し、冬眠中に腸につまっていた脂肪分を一気に噴出させる。そこではじめて新しい食欲が

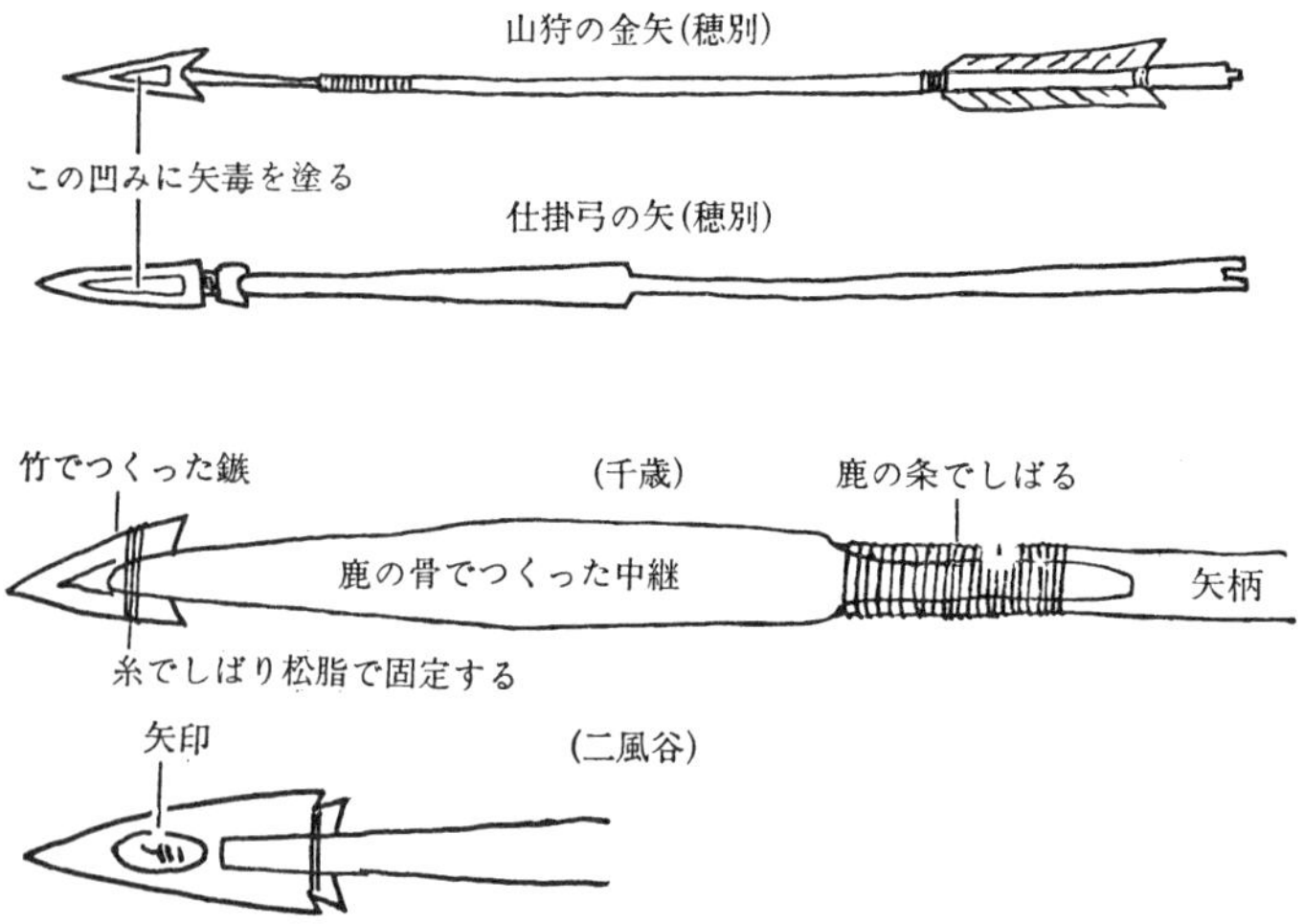

各種の矢と鏃

蘇って、豊かな母乳がでてくるのである。しかし仔熊が親の真似をしてこの草を食べては大変だから「ウシㇲキナは　投げろ」というのであろう。

釧路雪裡では穴を出た親熊はホオノキの芽を食べて下痢をし、腸の中を綺麗にしてから、後脚を後ろに曳きずり前脚で梶をとって雪の上を辷る。それを「身体を軽くする」とか「自分の荷物を軽くする」という。

山狩りは穴熊狩りと同じく、犬と毒矢が主役である。ここでも犬は山の神を迎えに行く火の神の大事な使者であり、矢毒は山の神にからまりついて誘惑する女神である。

猟具

矢の鏃はネマガリダケや鹿の角、鉄や真鍮であって、毒を塗る凹みのところには家紋が刻まれ、これによって斃れた熊が誰の矢によるものかを判断する。矢柄にはノリノキやトドマツの割ったもの、オギ、ネマガリダケなどが用いられた。矢羽にはカケスやカラスの尾羽を使い、飛立つとき大きな羽音をたてて熊を驚かせるエゾライチョウや、眠ることのないカモメのものは使わない。

東北部では山狩りには必ずキムン・クワ（山杖）という、二メートルくらいのノリノキかナナカマド、ハシドイなどの股木を持って歩く。これは崖を降りるときに身体を支えたり、休むときに弓や矢筒とか守神をかけたりもするが、熊に出逢うと股木の一方の長い方に山刀《タシロ》を縛りつけて槍にして用いた。西南部ではアイ・オプ（矢槍）とかオプ・クワ（槍杖）といって、穂先は真鍮や鉄でつくり、それに毒を塗ったものを矢筒に入れて持って歩くか、海のアカエイの毒尾を持って歩いた。熊に逢うとそれを素早く杖の先に仕込み、突くというよりも飛びかかってくる熊に向けて、石突きを土につけて受けるようにするのである。白老では十文字に横木を縛った杖の上に、毒を入れた鹿の脛骨を穂先として付け、襲いかかった熊を後の方に跳ね飛ばし、自分は熊の腹の下をかいくぐって逃げるようにして使った。これらの杖は自分の足より先に出さないように持って歩く。杖を身体より先に出して歩くと仕掛弓《アマッポ》のさわり糸にふれて、毒矢が自分に当るからである。

山狩りの禁忌

山に入り狩りをして歩いている間中、色々と禁忌が多い。熊は死人を嫌い部落に死人があると来たがらない（屈斜路）、死人のことをいうことも嫌う（音更）、偉い人は葬式を出したあと一年間山狩りに行かなかったが、近頃は月が新しくなるまで行かない（雪裡）、お産のあとは子供の臍の緒のとれるまで行かない（雪裡）等々である。またたとえ夫婦であっても、火の神に熊狩りに出かける祈願をした時から、狩りの終るまで同衾しないという風習は、北海道各地に共通している。人間の始祖が山狩りに行って、神様に失礼なことをしたため、神様に謝罪したという伝承があるが、ここでいう失礼とは、このことをさしたものである。

海のものの名、たとえば海馬《トド》や亀の話もいけない。松浦武四郎の『東蝦夷日誌』五篇にも「此山中に忌語《いみことば》有て皆別名を以て呼ぶ。其一二を記に塩《フウナ》《シツポ》　海《トウ》《アイト》　昆布《シトカブ》《エサ》　船《キツチ》《チツフ》　鱈《チフイ》　鮭《チエツフ》《シペ》　鯡《ホンチエツフ》《ヘロキ》　茶碗《チョイベイ》《シユマイタンキ》　酒《ワツカ》《シロケ》　会所《ホロチセ》　和人《アチヤホ》《シシヤモ》　味噌《トイトイ》　席《チランコフ》《キナ》　水豹《エシヤマニ》《トカリ》　海獱《カムイ》　鯨《ヘロキ》《フンへ》　等なり。惣て海の品も海の名も呼ざる習はしなりといふ」とある。このように海のものの名はすべて禁句であるが、それればかりでなく、カワウソはパケカッテプ（頭のつぶれたもの）、魚のイトウはエパシラッキ（川下を向く）などという。山の妖精などの話や女性関係の話もいけないし、熊の嫌いなヘビの話や仲の悪いワシの話もしてはいけない。第一山を歩いているときに人語は一切禁忌であった。もし一緒にいった仲間に用のあるときは、口笛で小鳥の啼き声のような音を出すか、木の幹を叩いて呼び、もし他の人に名を呼ばれても返事をしてはいけない。日高新冠では、鏃にする竹を伐りに行ったとき、決して日本語を使ってはいけなかったという。

狩りに行った人ばかりでなく、狩りに出かけた留守を守る者も行動を慎み、やたらに騒いだり、男女でみだらにふざけることはもちろん、芥でも灰でも外に投げてはいけない。特に窓から汚いものを投げてはいけないし、火を粗末にしたり午前中に針を使ったりすることも禁じられていた。尊い来訪者である神を迎えるところを浄らかにしておかなければならないし、全神経を狩りに集中しなければならないからであろう。

夢見などにも神経をとがらせ、ハチに刺れるとか、つまらない者に勝負で負かされるとか、女性上位の交りの夢を見た日には山歩きを中止した。死人をいじった夢、新しい舟をつくった夢、偉い人に挨拶をされたとか、子供を連れた綺麗な女性にあった夢、人を殺した夢や大きな魚をとった夢、さらにタコやカニの夢は吉夢とされた。だが、それらの夢をみたときにはそれを人に話してはいけない（釧路雪裡）ともいう。

ほれ　あの声

ほれ　ほれ　見ろ見ろ

ほれ　ほれ　崖をおりる

これは各地できく祭歌である。この歌は昔実際に夫が山狩りに向って行く上の方から、熊が崖をおりて来るのを発見した妻が、夫に危急を知らせる叫び声をあげては、せっかく村を訪れようとしている熊《カムイ》をおどかすので、神の好きな歌によって夫にそれを知らせたのであるといわれている。熊に対する心掛けがよく歌に現われたものといえよう。

美事に熊を仕止めると、犬の額に熊の血をつけて戻したり（屈斜路、虹別）、熊の肉かイナウを首につけて家に走らせる（二風谷、静内）。また熊に怪我をさせられたりすると、着物の袖の切ったものに血をつけて犬の首に巻き、知らせに戻したりしたという（二風谷）。

イリ・ヌサ
右は本別コタン、左は名寄コタン

山の祭壇

熊を獲った現場が家からひどく遠くであると、そこにキムン・ヌサ（山の祭壇）とか、狩小屋のあるときにはクチャ・ヌサ（狩小屋の祭壇）というものをつくって、そこで熊の頭を送り、肉や毛皮を乾して持って帰った。あまり遠くないときにはイリ・ヌサ（皮剝ぎ祭壇）といって、剝いだ皮や内臓をかける削りかけをつけた棒や股木を、牝熊に六本、牡熊に五本（地方によって一定でない）立て、狩りに協力してくれたフクロウやカラス、狼などへのお礼として、横隔膜や肺の一部を切って串に刺しておく。それから木幣を立てて、道標に木の幹を削ったり、持物を木の枝にさげたりして山を下る。

この場合の木幣の役目については、樹木篇でも述べたことだが多くの伝承がある。長万部の神謡には「熊を獲って棍棒幣《シド・イナウ》を立て、狩人が部落へ行ったあとに狐が出て来て、熊の肉を失敬しようと近寄ったが、白い着物を着た、痩せて髪をバサバサにした人間が立っていて、どうしても近寄ることができない。狐はスゴスゴと帰ったが、狐がいなくなるとそれはもとの棍棒幣になった」とあり、金田一京助選集の『アイヌ文化誌』の中にも、

〔熊を獲った〕二人の若者が来て私〔熊の神〕を拝んだ。それから尺許の棒を切って私の側に立てて（アイヌが熊を捕ると、今でもすること、棒幣と言って、いなくなったあとの見張りの神である。）山を下って行った。何だ木の棒切と思って私がいると、それが

一人の男になって暗くなると焚火をしながら、私の側に寄って一緒に咄《ウエネウサラアン》をしていた。そのうち夜が明けて、人間たちのやってくる音がガヤガヤ聞こえた。すると今まで咄をしていた男が元の尺許の木になった。

という伝承が収録されている。削りかけをつけられた木幣はただの棒ではなく、人間になりかわって所有権を主張する神的存在となるのである。

獲物を得てそれを家に運ぶ時には、家が近くなると火の神に知らせる為に「熊が行くよ《イペレサンナー》」と大声で三度叫ぶ（八雲）か、「オホホホホー」と喚声をあげる。するとそれをききつけて村中の者が外にとびだし、「オノンノ（よかったナ）オノンノ」とか、「オノノノノ！」あるいは「アッサ　アッサ」といい手を叩いて迎える。

肉の配分

肉はそれぞれ村中に分配されるが、尾骨とそれについた肉だけはチョシとかサラハといって、熊を射止めた者の母か妻がもらう権利がある。内臓の多くは生のままかもしくは煮て食べるが、特に心臓や舌は大事にして分配される。脳漿や血液も貴重なもので、特に血はカムイ・クスリ（神の薬）とかカムイ・チャンペといって、身体の弱い人や老人が舐めるものとされている。これを飲むと次の新月まで絶対に夫婦関係をもってはならないとしているところもある。どういう理由によるか明らかではないが、眼球は解剖を担当した人が特権として生のままで呑む。

熊であっても肉や内臓の食えないものもある。髯や顎の毛の赤い熊の肉は食ってはいけないとされ、肝臓を切っても血の出ないのもいけないという。また毒矢の毒は獲物が死んだあと矢の当った傷口に集るので、その部分だけは切りとって、毒の神《スルク・カムイ》に捧げるものとしている。

仕掛弓

地方によって必ずしも一様ではないが、季節によって熊の通る道がきまっていたり、春は湿地、秋はクルミ林などと、熊が食糧をあさりに集るところをえらんで、熊が触れると毒矢が心臓部を射通す仕掛弓のさわり糸を張る。この弓矢を一般にアマッポというが、穂別や千歳ではクアレ、名寄ではチアマク、日高ではヤッペなどともいっている。なお仕掛弓には、熊ばかりでなく狐や兎、さらに鼠まで獲るものもある。紀行家菅江真澄の『蝦夷迺天布利』という本に、

楼弓のごとく弓《グウ》を曳き曲《まがな》ひて、これをアキマップとてこの弩《グウ》《ど》を野山におくは、獣の大なるとさゝやかなると、其の身の長を図るに大拇《ルアシキペツ》をかゞめ、此高さしては鼠《エリモ》を撃ち、はた指を突立てこれは兎、これは狸《モヨク》、これは鹿《ユツク》、これは羆《チラマンテ》とて、わがかひな、肘のたけ、あるは立て、腰、膝などのたかさ、それ〳〵に斗り立て操弓《アキマツプ》挾矢を架く。それに長絲《ガ》を曳はへたり。此線《ガ》に露ものさはらば、毒気《シウル》の箭《アキ》飛来り、身にゆり立て、あ《お》といふ間もなう、命はほろびけるとなん。

とあるように、狙う動物の大きさによってさわり糸の高さを加減する。熊でも足跡の大きさによって人間の膝上七センチから十センチの高さに調節し、鹿はさらに五センチほど高くする。なお鹿を獲る

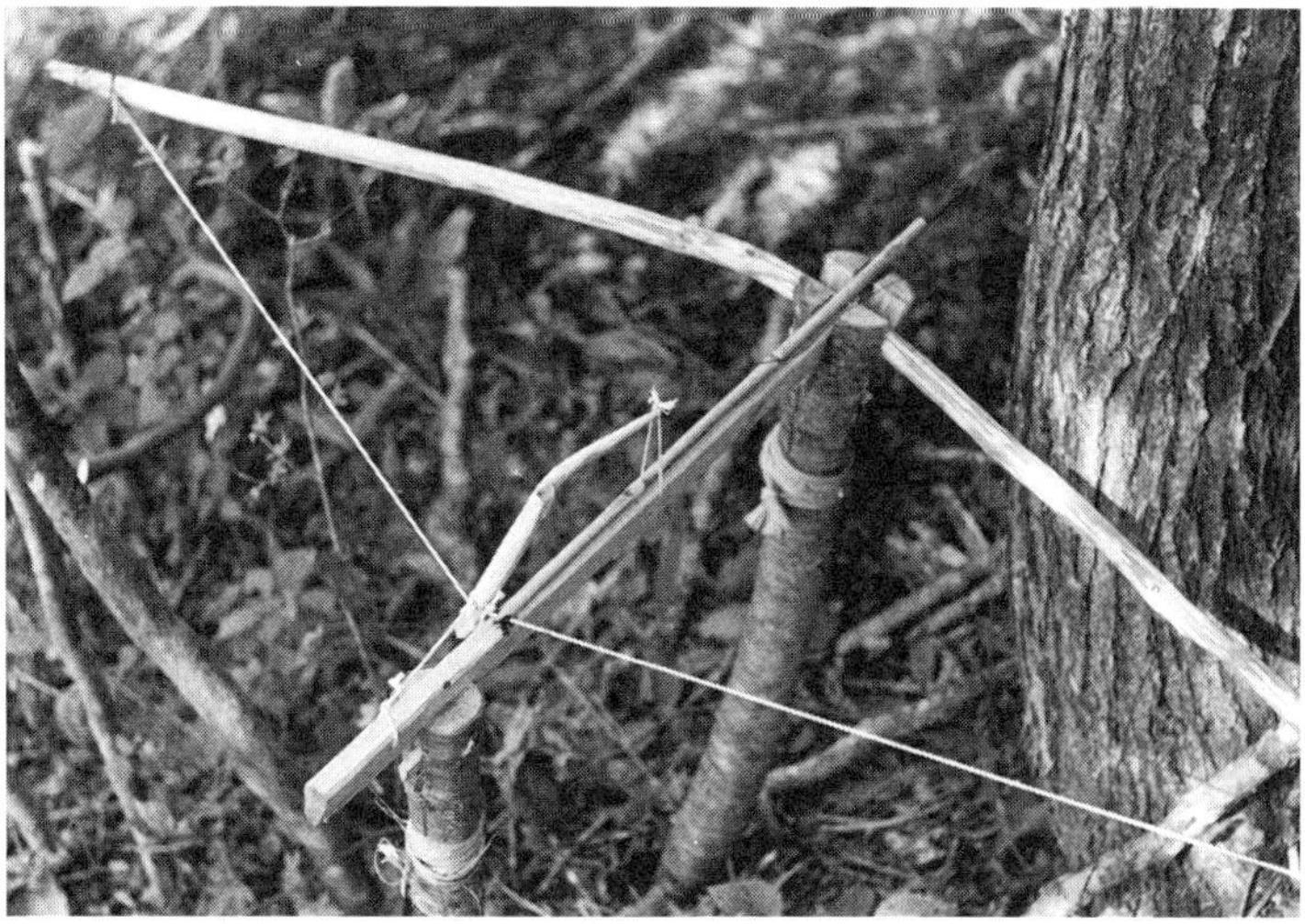

アマッポ（千歳）

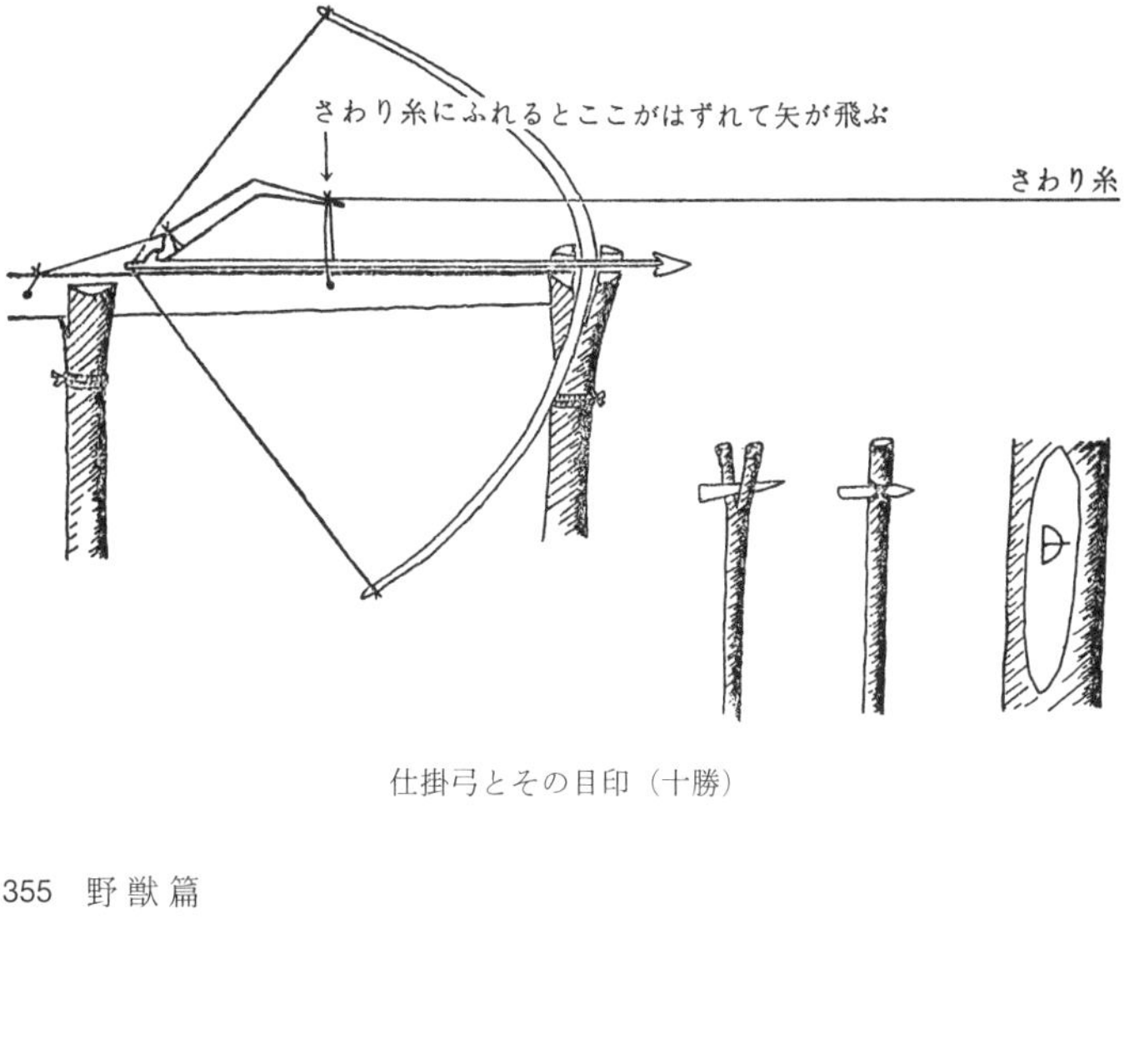
さわり糸にふれるとここがはずれて矢が飛ぶ
さわり糸

仕掛弓とその目印（十勝）

仕掛弓は前脚が糸に触れると矢が脚のすぐあとの心臓に当るようにしてあるため、人間が知らずに触れると危険であるが、熊の仕掛弓の場合にはまず危険はない。というのは、熊は首をさげて歩いているので、さわり糸に触れるのは鼻先であり、鼻先と心臓の距離を計算してかけてあるから、人間がかかっても、矢は後を飛んで行くのである。しかし万一の危険を知らせる為に、近くの木の幹の目の高さのあたりに下から削りあげて印しをつけたり、削ったところに弓矢を描いたり、クイタクペプ（弓を告るもの）とかイタクペ（喋るもの）という、木の枝の先を削ったものを弓のある方に向けて木にはさんだり、また仕掛弓のある沢の入口に、細い木の皮を弓の数だけさげておいたりした。もし自分のかけた弓で他人が傷ついた場合は、財産を全部出して贖いをしなければならないところもあった。

矢が発射されても獲物に当らなかったときには、必ず矢が後の立木に刺るように仕掛ける。したがってアマッポがはずれていても、矢が立木に刺っていないときは、矢が獲物に当っている証拠である。しかし発情期の、牝と牡との二頭連れのときは、必ず牝が先に歩いているから、先に当るのは牝で、牡が近くに忍んでいて襲いかかることがあるので注意しなければならない。

仕掛弓の材には半年から一年の間よく乾燥させたイチイの木の、長さ一・八メートル、太さ三センチに六センチほどのものを用いる（生木では何日も曲げておくと弓の力が弱くなる）。弦にはイラクサの繊維か、クジラの背筋を沼に一ヶ月ほどつけて乾し、固くなったのを槌で叩いて細く裂いたものを使い、さわり糸にはツルウメモドキの皮の繊維を使うが、鼠に噛られるおそれがあるので、ヤマブドウの皮を使う場合もある。矢柄はノリノキかネマガリダケで矢羽はない。

旧暦の十二月のことをクイカイ（弓の折れる月）と呼んでいる。それはこの季節になると、アマッポの弓が寒波の為に折れることがあるからである。地名にクオナイ（弓の沢山ある沢）、クッテクウシ（仕掛弓の垣の多い）、クーナイ（弓沢）などとあるのは、鹿や熊の通路で、常に仕掛弓をかけて狩りをしたところに名付けられたものである。

悪いクマ

熊は神であるが、人を追って来て傷つけたり殺したりするものや、人を見て逃げる熊は人間に呪われ、神としての位を剥奪されることもある。

「赤毛の熊に向うな」という言葉があるほど、赤毛の熊は気が荒く性が悪い。釧路雪裡ではシピネプ（本当の牡）と呼ぶ熊は四脚共長く、五メートルもとぶことができるといい、またマラプトフレ・サランペアンカムレ・ポコアンと呼ぶ熊がいるが、これは頭に赤い布をかぶせたような格好のものということで、そんなのは悪い方の代表者である。北見美幌でもチヤシピンネップ（敏捷な牡熊）と呼ぶ脚も胴も長く赤毛の熊は人間を傷めるものであるという。空知や虻田地方その他でヌプリケシウンクル（山のはずれにいる者）と呼ばれている悪名高い熊は、頭をさげて歩き木の根を噛って印しをつけるといわれ、これも身体の半分は黒いが半分は赤いという。さらにヌプリケシュンポルンクル（山の端に穴を持つ者）とかヌプリウェンクル（山の悪者）などと呼ばれているものも、これまた赤毛の人殺しである。

前脚の高いエペンクワウシ（前脚の方に杖をついている熊）、後脚の高い前のめりのエパンクワウシ

（後脚の方に杖をついている熊）なども悪名が高い。その他に冬になっても穴に入れないでいるマタカリ（冬にうろつく）とか、マタカリㇷ゚（冬の放浪者）、チセ・サㇰペ（家なし）といって、痩せて骨と皮ばかりになったもの、「自分の足跡に啼く」とか後脚の小指が薬指に重っているというイネウレㇷ゚・ドウシカムイ、赤毛で尾の長いアラサルシ、痩せて毛がなく耳の間にだけ毛があるチチケウナなど、悪い熊とされるものは限りなくある。

そしてこれらの悪い熊に関する昔話《ウチヤシクマ》が無数といってよいほどある。日高の富川に伝わるものでは、「北見湧別の英雄イクレスエを殺そうとした悪熊が、炉の中に穴を掘ってかくれていたが、それを見破られて頭から熱湯をかぶせられ、降参してイクレスエの守神になった」という話、「人間の文化神オキクルミに牝熊をとられ、生れたばかりの仔熊にぐずられて困った牡熊が、怒ってオキクルミの村や家をこわそうと山をくだって行った。それを狐に教えられてオキクルミが怒った牡熊を獲ったが、牝熊は山の奥にいる偉い神であり、自分は山の端にいる心の悪い熊であった」という神謡などがある。

人を襲うような悪い熊に追われたときには、熊の嫌いなタンチョウヅルが翼をひろげたような真似をする（空知）、荷縄を曳いて逃げると、熊はヘビが嫌いなのでヘビだと思って追って来ない（静内、塘路、雪裡、鵡川、音更、名寄）、細い棒を熊に向けてキュウキュウと音をたてて振る（塘路）、女性の場合下着の前を引裂いて「これが見たくて来たんだろう、さァ見れ」というと、頭でも叩かれたように悄気て引揚げる（十勝高島）、着物の前をひろげてバサバサさせ、魔物を追い払うオパラパラ（尻をバサバサさせる）をしながら、「私は火の女神と同じものを持っているんだぞ、もし私を殺したりしたら、火の神に何といって言い訳をするんだ」といぅと引揚げて行く（鵡川、塘路、空知、静内、音更）などといわれている。また十勝音更では貞操帯《ポンクツ》をふりまわすと参ってしまうともいぅ。

人に怪我をさせた熊を獲った場合には、頭を神の国に送らず怪我人の枕元において、「神であるのにとんでもない奴だ、この傷を癒さない限り、木幣もやらないし神の国にも送ってやらないから」といっていじめる（虹別、名寄、虻田、八雲）。怪我をさせた熊を獲ることができなかったときには熊の王に談判《チャランケ》をすると、罰をあてられ、その熊は放浪者におちぶれてしまうという。

熊に人が殺された場合には、殺された者は木の枝をかぶせて現場に葬り、殺した熊は切り刻んで焼きすてたり（音更）、逆さに埋め、チカプサクコタン（鳥も住まない土地）に追放したりする（虹別、虻田）。殺された人間の屍体の下に入れて埋め、「人間の腐った臭いがついて、お前はもう神として復活することができないだろう」といって呪ったりする地方もある（屈斜路、鵡川、名寄）。もちろん木幣ももらえず、神としてのあつかいを受けない。

日高平取で悪い熊がとびかかろうとしたとき、ある老婆が熊をつぎのような言葉で叱ったという。

神様よ　私を殺したりすると　私の悪い臭いが　あなたに移るよ　そんな悪い考えをもったら神様の仲間に　何と言い訳をするの　私がかしこまっているのに　だめだよ　私にとびかかっては　人間の臭いなどを味わっては　といっておがんでいるのだよ　偉い偉い　山の神さま　神様の甥子なのに　なぜ年寄りの　悪い女の私に　とびかかろうとするの　そんなことをしたら　人間の臭い　女の臭いを　お前さんが味わったら　あなたは親戚や身内から　罰せられるだろう

だから駄目だよ　心を落ちつけ静かにして　悪い老婆をさけなさい　私は遠慮して　申上げるの
ですよ

実際には熊に怪我をさせられることはあっても、そのために死ぬということはほとんどなかったという。また傷の浅いときにはニレやオヒョウの真皮を噛んで、傷口に貼りつける程度で癒ったという。

善いクマ

性の悪い赤熊に対して、銀毛をした熊は善い熊とされている。そのため日高の幌尻岳には、レタ・ラ・カムイ（白熊）がいると伝えられている。

悪い熊が頭に赤い布をかぶったような格好をしているというのに対して、善い熊はマラプトレタラカウカウアネチキリポコアン（頭に白い霰をばらまいたような格好のもの）といって、やはり銀毛であることをいい現わしている。北見美幌でプシンネプ（庫のようなもの）と呼んでいるのは、銀毛で脚も胴も短く、庫《ブ》のように丸々としている熊のことで、飼ってもおとなしく、小さいときから人間によくなれて遊ぶのをいうのであるという。

一般にヌプリ・ノシキコロクル（山の真中を支配する神）とか、ヌプリ・ノシケウンクル（山の真中にいる神）と呼ばれているのは牡で一番偉い神であり、ヌプリパコロクル（山の頂を支配する神）とかヌプリパウンクル（山の頂上にいる神）というのもやはり牡で、それらをひっくるめてヌプリコロカムイ（山を支配する神）と呼んでいる。おとなしく人間のところへ遊びに来てくれたものに酒をあげるときには、特に牡をイオロコル・ニシパ（猟区を支配する親方）、牝をイオロコル・カッケマッ（猟区を支配する奥方）といい、牡の仔はイオロコル・ポンチョ（猟区を支配する子供）、牝はイオロコルと呼んで大事な賓客とした。

クマ送り

コタンでの最大で最も重要な祭事といえば熊送りであろう。しかしこの仔熊を殺すという儀式は、農耕を生活の中心とし、仏教を信仰する民族には容易に理解されず、徳川幕府の直轄時代にも禁止になり、明治初年にも法によって禁ぜられた。太平洋戦争後も肉食をする文明人によって、動物愛護という大義名分のもとに圧力をかけられたことがあった。大衆の面前で動物を虐待することは、文明社会で許されない蛮行であるというのである。熱狂する大衆の面前で入場料をとり闘牛という屠殺を行い、競走馬に拍車や鞭を加えて、公然と賭博を行っている文明人たちが、コタンの信仰に根ざす熊送りにだけは、なぜかブレーキをかけるのである。

コタンの人たちの間に大事な行事として伝承された熊送りとは、決して賭博的行為でも入場料を儲けるためのものでもなく、熊や野獣の姿をし、人間社会に食糧や衣料をもたらす神々を歓待し、人間社会の使者として神の国に送り返す送別の宴なのである。

春の雪山の穴で捕えた仔熊を飼育するのは、人間界の賓客として仔熊にコタンの人々の生活を見聞体験してもらうためである。神である仔熊の霊は神の国から人間界に持って来た、人間の食糧にする肉や着物にする毛皮などの荷物を置いて、純粋無垢な神として復活し、人々の祈願や歓呼に送られ、人間界からのお土産をどっさり背負って、再び雪山の奥の人臭くない神の世界に戻って行く。そしてまだ人間界に行ったことのない神々に、人間界の面白さや神々を大事にする人々や村々の有様などを物語って、神々を人間界に呼び集め誘う役目をはたすのである。これはコタンの人々の遊びや楽しみのためにするたんなるお祭騒ぎではない。

この北国の昔の生活に立脚した復活信仰の意義がわからなくては、現代の合理主義の世界では熊送りの真意を把握することはむつかしい。

山で獲った熊の魂送りはカムイ・ホプニレ（神の出発）というが、仔熊を飼っておいて送るのはイオマンテ（神を行かしめる）という。山から獲って来たものは頭（マラプト〈賓客《まろうど》の意〉という）を家の中に招じ入れて火の神と対面させるが、飼った熊の場合には、東北部では檻から出たあと、神だけの出入りする神窓から家の中の育ての親である火の神に別れの挨拶をするので、改めて頭を家に入れるということはしない（十勝音更や空知では頭を家に入れる）。しかし西南部では神窓から挨拶をさせず、山から獲ったときと同じように家に入れて、火の神と対面をさせる。このように、東北部と西南部とでは行事の進め方にも色々あって一様ではない。

ここで東北部というのは十勝、釧路、北見、天塩方面のことで、この地方では風習が似ている。子供の時から何度か見た釧路虹別（標茶町）、屈斜路コタンのものを中心にして書いてみる。

雪山の穴で捕えた仔熊は、穴の中にいるうちに獲ったのはおとなしくて人なつこく（一度穴を出た仔熊は荒く人になつかない）、人間の乳などを恋しがる。この仔熊を家の中に細い柴で囲いをつくって入れ、大きくなって悪戯をするようになると、床に丸太を敷き、あたりを割木で囲んだ熊の檻《イペレ・セツ》を外につくって入れ、最上の食糧で飼育する。旧暦の十二月頃（川のサケ漁が終り、山狩りにかかる直前）になると日を選んで、ノイケシントコという酒樽三本に酒が仕込まれる。一本は送られる仔熊のものであり、他の二本は神々と踊りのための酒である。酒を仕込んだ樽の上にはコタンの守神であるフクロウ神の木幣をあげて、悪者が酒樽に忍びこんで悪戯をしないように張り番をしてもらう。この酒を仕込んだ晩から外の仔熊の檻のまわりでは子供たち檻を囲る踊り《セツ・カリ・ウポポ》がはじまり、やがて女たちの踊りになってゆく。

アア　ホー　ホー

イヤ　ホー　ホー

これには別に意味はないが、

コレベレ　ホプニナ　（家の仔熊が出発するよ）

ヒヨ　リムセ　ヘチュ　（さァ　踊れ　ヘチュ）

などともうたい、元気がないと男たちが加わり、「踊れ《リムセヤン》！　踊れ《リムセヤン》！」と元気をつける。

式の前日には神様の土産の団子《シトキ》がつくられ、招待された村々からの混ぜ飯《レタシケプ》が届けられる。研ぎすまされた木幣《イナウ》を削る小刀《マキリ》で、神々に供える木幣が美しく削られ、仔熊が神の国から土産に持って来た毛皮のお礼として、削りかけを美しく網目に組み合せた、ポンパケという小袖のような背中の飾りがつくられる。さらに木で刀や短刀、矢筒などの形をつくり、カバ皮を燻して模様をつけて赤い布で仔熊に結びつける。耳にもカムイニンカリ（神の耳環）とかキシャルンペ（耳につけるもの）という、やはり削りかけの耳飾りをつける。また神の国への土産として家紋を刻んだ花矢《イベレアイ》をノリノキやマユミの木でつくる。この花矢の数は地方によってちがうが、牡熊が五十本のときは牝は六十本というように、たいてい牝の方が多い。女性の方が交友が多いからといって、お土産の数を多くするのである。花矢の矢柄はオギで、矢羽にはミヤマカケスを用い、山狩りのときと同じように決してエゾライチョウのものは使わない。弓はイチイかマユミの木でつくり、これにも削りかけをつける。

早々に仕込んだ酒も醗酵して、その芳醇な香りが家の中にただよってくると、老婆たちが笊や行器《シントコ》を出して酒こしの歌舞がはじまる。これは東北部だけで、なぜか西南部にはこれに関する歌舞がない。

アマム　サケ（穀物の酒）

ソレパ　サケ（その酒を）

シコ　ヌムパ（しっかり絞れ）

という歌や、「酒すみ歌《サケカラウポポ》」「酒渡し歌」などがにぎやかにうたわれ、酒が醸造者の女性の手から祭の司祭者の男性の手に渡される。そして翌日檻を出た仔熊を両方から牽制しながら、会場一ぱいに走らせるためのオヒョウ皮を綯い合せた綱の先に、手からすべり抜けないようにトコマップ（とび出しているもの）をつければ、明日の式典を待つばかりである。

用意が終ると、これまで仔熊を守り育ててくれた火の神《アペフチカムイ》（仔熊の食物を調理してくれた）や家の神《マツクワカムイ》に、「永い間色々お世話になった仔熊が、明日はいよいよ神の国に帰ることになりました。どうか式が無事に了りますよう、他の神々にもよろしくお伝え下さい」とお礼と願いの祈りをする。外の祭壇の神にも木幣と酒をあげて、「明日はここで仔熊が神の国に帰る式を行うから、どうか神の国から迎えに来て下さい」と祈る。しかしこの日は祭の飾りつけはいっさいやらない。

祭の当日は長老が炉端に古老たちを集めて、祭典での役割をきめる。仔熊を檻から出すとき縄をかけるトサアニの役、仔熊に憑いて気を荒くさせる魔物を払いのけるために、ササやトドマツの枝を束ねてつくった手草《たくさ》を持つタクサコロ、仔熊の背中に晴着のポンパケやカムイニンカリをつけるカムイイコレアレ、そのとき四ツ脚を押える役、格式を間違わないように花矢を配る役、それから皮剝ぎをする者、解剖を受けもつ者、神の国に帰る頭骨に飾り付けする役のカムイカㇷ゚カラなどである。

これが終ると火の神に対してもう一度「今日仔熊を送るようになりましたから無事に行事が済みますように、また各役割をもった人々が無事にそれを果せますように……」と祈り、外の祭壇の中央にある熊の祭壇《カムイ・ヌサ》という山の動物神だけを祀る祭壇の前にヌサユクシペという股木の柱を二本立てて、それにヌサアマンという横木を渡して新しい神の祭壇をつくる。この祭壇には仔熊の頭をのせるユㇰパオマニ（熊の頭をのせる木）を中心に、イナウシペという脚のついた六本の木幣と、六本の手草《たくさ》とを立て、その前に模様織りにした文蓆をたれて、神の国に持って行く数々のお土産や宝物を飾りつける。

これが終ると「これから式をはじめますから、熊の霊《カムイ》が無事に神の国に帰れますように……」と祈る。檻の方では朝の暗いうちから檻を廻って踊りつづけている女たちの中に、手草持《タクサコロ》が踊り込んで活気をつける。一方檻の前では雪の上に坐った長老が、「今日は親たちのいる神の国に行くのだから、行ったらこのコタンの村人がお前を大事にしたことを伝えて、お前の親兄弟や親類友人たちにも、このコタンに遊びに来るように間違いなくことづてをしておくれ」といって、最後の食事として濁酒の酒粕《シラリ》と酒とを神箸《エクパシュイ》にそえてやる。この場合牝熊には左の方から、牡熊には右からやる。牝熊は左利き、牡熊は右利きだからである。

やがて縄持《トサアニ》が檻の上に上り、縄をささげ持って、はじめに火の神のいる家の方に向って、ついで山の神や祭壇の方に向って「ホホホホホー」と喚声《オココクセ》を上げ、「これから仔熊が出るから、神々よ頼みますよ」と祈る。ここで踊りは最高潮に達する。

やがて檻の上に積み重ねてある木が取り除かれ、その際から二本の縄が檻の中に垂らされ、仔熊の肩に十文字に襷がけになると、檻の上の木は全部取除かれ仔熊は檻を出る。それをササの手草で祓って悪魔を払いおとし、隙をみて力自慢の者が仔熊の後から両耳に飛びつき、仔熊をぶらさげて神々が出入りする神窓《カムイピアラ》から家の中をのぞかせ、今日まで育ててくれた祖母《フチ》である火の神《アペフチカムイ》に別れの挨拶をさせる。それから仔熊は縄持《トサアニ》に連れられて祭壇の方に走って行く。昔はこの祭壇は家から二、三百メートルも離れた山の方にあって、その前が式場であった。そこにはドシコッニ（縄をつなぐ木）という太いカラフトキハダの杭が打ち込まれ、天塩川筋の名寄では送る前の晩に檻から出して、この木に繋ぎ、

縄持（トサアニ）が檻の上に上り、縄をささげ持って喚声を上げる。

火を焚いてそのまわりで夜通し踊ったりもしたという。

祭壇の前の広場には仔熊を繋ぐドシコツニの他に、X形に土に打ち込まれたユㇰ・キクニ（熊を押える木）という杭があり、この木の下で仔熊はもう一度押えられて、旅立ちのための晴着のポンパケ（小袖）やキシャルンペ（耳環）をつけられる。この間に檻を廻っていた女たちの踊りも広場に移動して、左側に半月形に並んで歌舞《ウポポ》がつづけられる。

カムイ　ホープニナ　（神様がおたちになるよ）

ヒヨ　リムセ　（さア　踊りを）

ヘー　チュイ　（踊れよ）

つぎに花矢が参加者に分配される。花矢は神の国へのそれぞれのお土産であり、前述のようにたいていの場合は牝が六十本であれば牡は五十本と少ないが、ところにより同じというところもある（十勝本別、音更）。この他に飼主が特別に自分の家紋をつけたものを牝に六本、牡に五本射るところもある（釧路雪裡、北見美幌）。美幌ではこのうちの二本を最後に空に向けて太陽に一本月に一本射る。花矢を射るときには正面から頭を狙うことは禁じられ、これをおかした者は手草で頭を叩かれる。

花矢は容易に刺るものではないが、毛並に向って射ると刺る。刺ったものは直ちに手草《たくさ》で払いおとされて鏃と矢柄とを離されてしまう。そうすることによってその矢から魂が離れ、神の土産となり、神の国に持ってゆかれるのである。花矢のすべてが射つくされてしまうと、毒を盛って山狩りに使った金矢《カニアイ》や竹鏃《トプアイ》、あるいは花矢の特別に鏃を長くしたものを止矢として、飼主が心臓部を深く射抜く。

同時に殺到する人々によって仔熊は組みしかれ、あらかじめ用意されていた檻の上の木《セッカウニ》か、新しく用意した神の国で金になるという、カラフトキハダを三角形に削った木の間に首を挾まれて、「オホホホ……」という悲しい喚声のうちに、仔熊の眼は青く凍った空のような色に変って行く。そのときどんなに晴れた日であっても、必ず突風が起ったり、陰のようにハラハラと瞬雪が通りすぎるという。それを十勝ではイヨマンテウパシ（神送りの雪）といい、釧路ではイヨモケプとか、カムイ・クリ（神の影）といって、神々が喜んで式場に駈けつけるからであるという。

現代的感覚からすれば、これらの行事は、動物虐待ということになるが、昔の信仰を物語る神謡の中で首を締められた仔熊の神は、

「私は首を締められて気を失ったが、ふと気がつくと大きな熊の耳と耳の間に坐っていた。」

とある。神は熊という哺乳動物の姿から離れて、人間の目には見えない純粋な神となって復活し、死んだ熊の頭の上に大胡座を組んで坐っているのである。昔の信仰では山奥の神の国に帰る神は、絶対死ぬことなく、何度も復活して人間の国に遊びに来てもらわなければならないのである。なぜ神は死なずに復活しなければならないのか、生殖の神秘を知らなかった時代には処女懐妊や、神の復活がなければ、殺すことによって食糧が少なくなるという生の不安があったからではなかろうか。

熊の屍体は祭壇の前の神の座である花蓆の上に置かれ、牡には刀、牝には首飾りの玉をかけ、それぞれの役目をした人々が奉酒箸《エクバシユイ》で牡熊には右、牝には左から酒をあげ、古語で祈りを捧げる。終ると老婆たちが持ち寄った混ぜ飯《レタシケプ》を、神の坐っている熊の頭の上にあげる。その前ではクルミやアワ、ウバユリ団子や、乾魚などを式場にばら撒き、参会者がそれを大騒ぎをして拾う木の実撒き《ニヌム・チャリ》という儀式が行われる。これはまだ熊の額の上に坐っている神に見せる芝居であって、神の国に帰ったとき、「人間の世界というところは面白いところだ、冬だというのに空から木の実や乾した魚が降っていた」という話題を提供するためのもので、山奥の神々が「そんな面白いところなら俺も是非行きたい」といって、人間の好きな肉の荷物をどっさり背負って、山をくだって人里の方を訪ねてくるように、おびきよせるための演技なのである。

山で待機している神々をおびきよせるだけでなく、荷物を置いて帰る神にも再び来てもらうために、神謡を途中の面白いところでやめてしまうところもある。神の国に帰ってからもその続きが聞きたいために、無理をしてまたお土産を集めてやってくるというのである。

皮剝ぎは頭の下から真直ぐに腹の皮をたち割るが、この場合屈斜路コタンでは咽喉と胸と臍のところ三ヶ所をヌマ（紐）といって切り残す（ところにより牡熊は五ヶ所、牝は六ヶ所残すところもある）。この紐《ヌマ》は昔の着物の留め紐のことで、前脚や後脚の皮をたち割ったあとで、残しておいたこの紐《ヌマ》の皮を「ウェッ」と声を出して切り開く。このときオック・メウェ・ニ（襟首をもぐ木）という、木幣のような木に小刀《マキリ》の背を当てて切る。ここまでは一人がするが、これが終ると数人がかりで、頭と尾の部分だけを残してたちまち剝ぎとってしまい、最後に尾を切り離すが、このときもオック・メウェ・ニを台にし、解剖が終って頭を皮から離すときにもこの木を使う。

この皮剝ぎの行われている一方では、仔熊を繫いでいた綱で綱引きをする。これは屈斜路や虹別では男だけが幾組かに分れて部落対抗でやるが、旭川の近文では男女に分れ、牡熊を送るときは男が祭壇の方に位置し、牝熊の場合は女が祭壇の方に並んで行われる。そして男が勝つと次に牡熊、女が勝つと牝熊が獲れるといい、送った熊が牝だと女性に協力するから女が勝つともいう。この綱引きで綱が切れると熊が綱を神の国に持って行けるといって、こっそり小刀で切ることもある。

また女たちは、神に供えたカムイ・レタシケㇷ゚（神の混ぜ飯）という、ウバユリ澱粉にカラフトキハダの実やサケの筋子を入れてつぶしたものとか、ハマナスの実を煮てつぶしたのにアザラシの油を入れたベタベタのものを、お互いの額になすりつけたりばら撒いたりする。これは神が土産にもらったものの一部をお礼において行ったものであるから、それをつけられたらとって投げたりせずに、必ず頂いて舐めなければならない。

これをウエペ・コタチ（お互いに食物をつけあう）とか、カムイ・レタシケンプ・コタチ（神の混ぜ飯をつけあう）といって、男にもつけられる。ただし妊婦とその夫にだけはつけてはいけないということになっているので、つけられたくない者は妊婦をよそおって逃げたりする。

男たちは力を競い合う相撲（ウォック）をとったり、誰の矢が一番遠くに飛ぶかを争うウコ・アイ・オマンテ（互いに矢を行かせしめる）や、立木の枝の組み合っている間の隙間を的にして、それぞれの願いをこめて競射し、うまく通ると願い事がかなえられるというアイ・プイ・オマニ（矢が穴を通す）などをする。また仔熊に晴衣《ポンバケ》をつけるときに押えつける為のユク・キクニ（仔熊を押える木）に木幣を立てかけるか、あるいは仔熊を繋ぐ木のドシコッニに立てた木幣を的にして、猟の幸運を願って矢を射かけ、命中するとうやうやしく礼拝《オンガメ》をするなど、一連の行事が次々とつづく。

身体の皮を剝ぎ終っても、頭だけは皮を剝がさず、剝いだ皮の上に胴体につけたまま置き、牡は左、牝は胴体の右の横腹を手の入るだけ裂いて、そこから肝臓の一部と胆嚢とを取り出す。つぎに頸動脈と頸静脈、前脚に行く動脈と頸の肉および腹の肉を一緒に切りとって腹を開き、胃袋を最後に腹の中の臓腑のすべてを取り出す。これは行器の蓋に入れるか祭壇にかけて、腹の中にたまった血はすくって飲む。血を飲むのは老人や病弱の人だけで、若い者は飲めないし、もし飲むと次の新月まで夫婦でも同衾できないというが、十勝地方のように必ずしもそうでないところもある。

全部血がなくなってしまうと、皮を剝がした身体と皮のついたままの頭を切り離す。この頭をオルシ・コル・マラプト（皮のついたままの賓客）という。頭を切り離した胴体はうつ伏せにし、肩と背の肉を切りとってから前脚と後脚とを解体する。さらに胴体を肋骨、坐骨、薦骨、椎骨とに分解し、生殖器は切りとって削りかけをつけ、頭を祭壇に飾るとき後頭部のところにつけて納める。

仔熊が遊んでいる間は祭壇では火を焚いてはならないし、仔熊が首を締められてから皮を剥ぎにかかるまで踊ってはならない。祭壇に飾られ女たちが供物をあげ終ると、新しい火が夕暮の中で焚かれる。また熊の皮を剥ぎにかかると祭壇に向って女たちの歌舞がはじめられる。

ウララ　スエー　（霧がゆれて）

欠木幣（チメシュ・イナウ）

イナウ・ワラキカ（これに脚の骨をさげる）

エカムイ　シンタ　（神の揺籠が）
アドイ　ドンナ　（海の彼方に）
エトヌン　パエ　（美しい音が遠ざかった）

などという歌が心にしみる。

昔は頭の皮をエド・ルシ（鼻の皮）といって、頭から剥がすことなく胴体の毛皮から切り離したし、爪も皮にはつけずに指骨と一緒にイナウ・ワラキカという欠木幣を編んだものにさげて送った。昔はこうしないと神になって復活することができないから、狩りに行っても獲物がさずからないといわれていた。ところが近年になって、熊の敷皮に頭や爪をつけるようになってからは、頭や爪のない毛皮の価値が下がり、極端に安く取り引されるようになったので、頭の皮や爪は毛皮の方に譲って丸剝ぎにされ、代用品として木幣で飾られるようになった。この人間界の賓客である神の宿る頭に飾りつけをする、ウンメムケとかカムイ・カドカㇽということは、この祭事の最も重用な役割である。まず頰の咬筋や眼球や舌をはずすが、この際咽喉部の会圧軟骨や披裂軟骨に傷をつけると復活したとき支障があるので、特に慎重に取り扱う。つぎに牡熊は左、牝は右の後頭部に飾刀の鐺《こじり》か鍔、あるいは石で打って穴をあけ、木幣をつくる木の太いものでつくったノエペ・サンケ・パスイ（脳漿を出す箸）か、ノエペ・ペラ（脳漿篦）で脳漿を出す。そのあとにはイナウの削りかけを入れ、眼球の水晶体はプスクスリ（米と麴とを混ぜたもので酒の代用）に包んで眼窩につめる。鼻の穴にも祖先の家紋を刻んだ、エンゴチャルシペという小さい木幣をつけ、鼻の皮を残した場合にはこれに削りかけを縫り合せたマラプト・イナウ（賓客の木幣）というものを、頭の皮のかわりに通して後頭部で束ね、ここに生殖器を入れる。頭の正面のところにはケイシィ・イナウという木幣をつける。

舌骨と眼球の中の眼液とは頭の飾りつけをした人が生で食べ、脳漿と血液とを練り合せたものや、口内粘膜、耳の軟骨、甲状腺、気管と気管支、肺や脳漿は生のまま細かく刻んでパウルンベチペといって、老人たちに振る舞われる。腎臓、肝臓、肺もチベといって、やはり生で老人たちだけに分配された。

飾りつけを終った賓客《マラプト》（熊の頭）はユㇰパオマニ（熊の頭をのせる木）という股木にのせ、耳のところに牝は右（向って左）を長く、牡は左（向って右）を長くしたアシュルペ・イナウ（耳木幣）という木幣を立てる。頭の下には皮を剝ぐときにつかったオック・メウェ・ニ（襟首をもぐ木）を十字架の

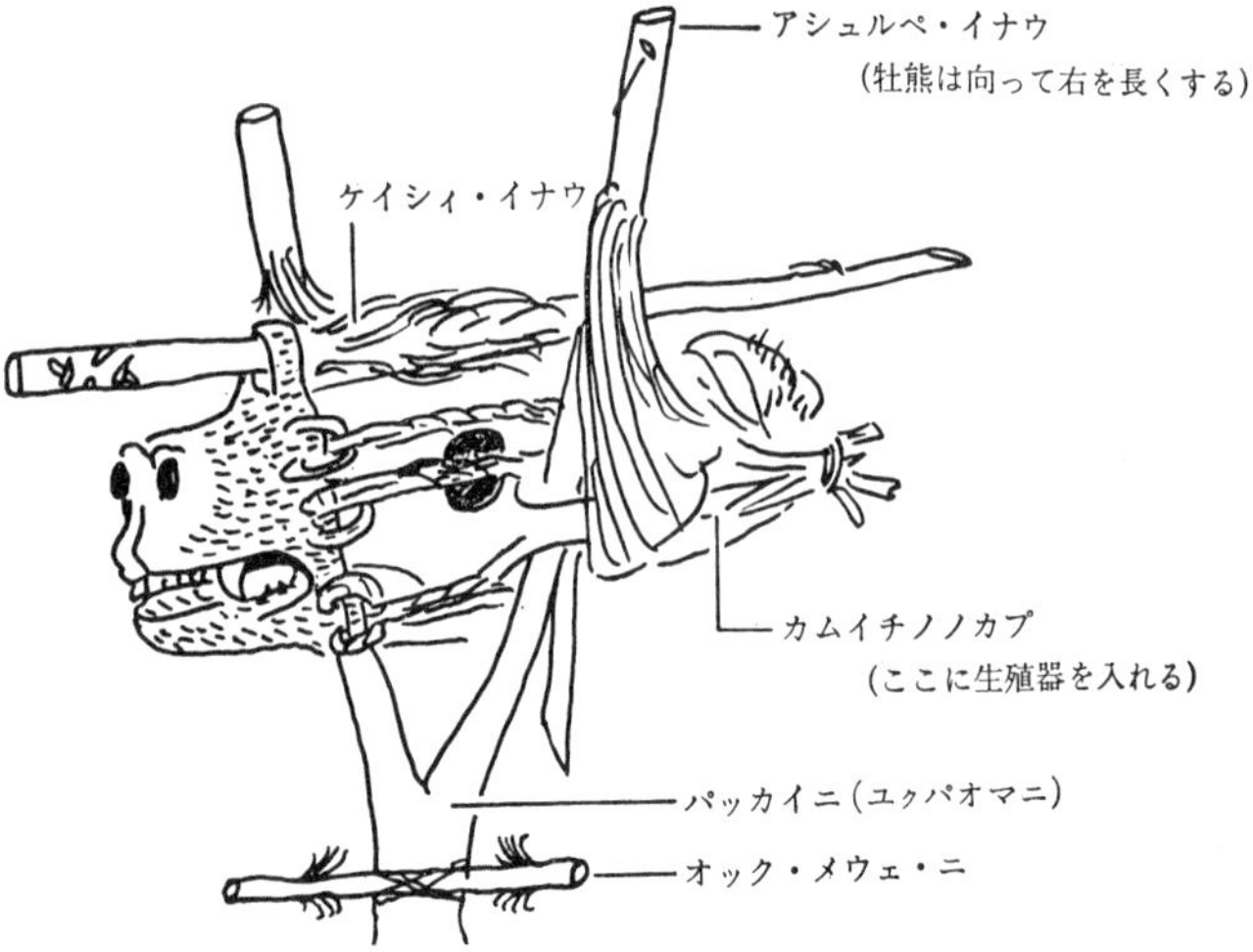

飾りつけを終えた賓客（マラプト）

ように横に縛りつける。さらに神の履物であるカムイ・シトケリを削りかけでつくり、村中で集めたお土産や宝物を花蓙に包んで背負わせる。

旅立ちの用意をした賓客《マラプト》は人に向けて立て、「途中障りなく無事に、親兄弟のいる山の神の国に帰るように……」と祈りの言葉をうけ、終ってから山の方に向きを換え、周囲の人々の注意を他にそらしておいて、突然「ホッ　ホゥイ」と大声をあげる。神の国に帰る途中土産物をかすめとろうとひしめく、魔物をおどかし、その計画の裏をかこうとする演技である。神の国に帰す頭のことを賓客《マラプト》といわず、椎骨《オツケウ》というのも同じ意味であろう。

神の国に向って神が旅立ってしまうと、マラプトをもう一度正面に向けて祭壇にしっかりと縛りつける。祭場の男たちはそれぞれ神が持って来てくれた荷物の肉を持ち、頭の方の肉を持った者を先頭に列をつくって、司祭者の家に向って「オホホホホー」という凱歌《オココタセ》をあげて引あげる。それを先に家に帰った女たちが「オノノノノ」という歓声で迎え、肉や内臓は神窓から家の中に入れられるが、その日は肉を食うということはせず、また山から獲ったものとちがって、育ての神である火の神で炙くなどということもしない。

神を迎えた家の中では、火の神の坐っている炉をめぐる歌舞が熱気をはらんで、いつつきるとも知らず続けられる。踊り疲れて休んでいるときも元気な娘たちが、二人組になって向いあい、

フックン　チョイ　アラ　フックン

とうたいながら、髪を振り乱し汗まみれの激しい踊りくらべをする。

またこの地方だけでしかやらないが、中年の男が刀を抜き合い、

ヘホー　ヘホー　ヘホー

オホホホ…　ヘホー

と叫びながら床を踏みならし、激しく梁に切りつける踊りがある。刀踊り《エムシリムセ》といって、守護神を力づけ魔神を威嚇する踊りである。また古老が大地を踏みとどろかせ、太い唸り声をあげ、女の人がそれを支えるようにして、細くすき通った声で力づける、踏舞《タプカラ》も行われる。

肉を分配するのは式の終った翌日、神々に祭の終ったことを報告し感謝してからである。

肉の分配は一様でなく、男には肉と血管、心臓、舌、熊掌、腸などが分けられるが、心臓だけは他部落には分けない。女には無名骨や肩胛骨、脊椎などの肉が分けられ、山で仔熊を捕えた人の家内に

は特別に尾骨が、子供等には胃袋の煮たのや腹の中の脂肪が与えられる。

一切の祭の行事が終ったあと、人々は、火の神や長老たちに別れを告げ、仔熊が神の国に帰った足跡をかくすために降るというイオマンテ・カシケㇷ゚という新雪を踏んで帰り、コタンは冬枯れの淋しさに包まれる。

この祭事の一週間か十日後、送られた神が山奥の国に帰り、親兄弟と対面しお土産の分配を終った頃に、新しく酒を醸し、山の中央を支配しているメトットト・エカシ（山奥の長老）や、仔熊の親などに十一本とか十三本といった奇数の木幣をあげる。これをカムイ・オカノミ（神の後を追う祭）という。

こうした多くの手数をふんだ上で、仔熊の神に依頼してやった山奥の神々の家を求めて山猟に出かけるのであるが、仔熊を飼った人が山に出かけるときには、仔熊の神にことづてたことが、山の神々に聴きとどけられたかどうかをたしかめるために、祭壇に祀った仔熊の耳のところに飾ったアシュルペ・イナウに矢を射かけてみる。当るとたしかに願いがかなえられたとして、礼拝《オンガメ》をして山に分け入るのである。これをアシュルペイナウ・ドカン（耳の幣を射る）という。

地名の中にアイカㇷ゚（矢の上のもの）とかチドカンウシ（われわれがいつも射るところ）、チドカンシュマ（われわれが射る岩）、チドカンピラ（われわれの射る崖）、チドカンチシ（われわれの射る立岩）などというのがあるが、これらはいずれも狩りに山に入ったり通ったりするとき、猟運を占って矢を射かけたところである。アイカプの上に矢が達するか、チドカンシュマにうまく矢が当ると、人々は獲物がさずかるといって礼拝《オンガメ》をした。

また熊送りで肉を煮て食べるとき、肉（舌とか心臓、頭や肩など特殊なところの肉）の中に楊枝ほどの小さな三種くらいの、削りかけか刻み目を入れた木を刺し、削りかけか刻み目が一つの肉に当ると「牡の熊《カムイ》がさずかる」、二つの削りかけがある肉に当った人には牝熊、三つのときは仔連れ熊がさずかるなどともいう。この削りかけ、あるいは刻み目のついた木片は狩りに行くときに守神と一緒に山にもって行く。これをチトッパニとかカムイ・ニオッペという。

また頸動脈や食道の煮たもの（空知）、大腸（美幌、屈斜路、雪裡）などを適当な長さに切って串に刺して立て、自分の席から見てそれと同じと思われる長さに、木幣をつくるときに剝いだ木の皮を切って、もし長さが同じであると猟運があるといって礼拝《オンガメ》する。

西南部のクマ送り

西南部の熊送り《イオマンテ》は沙流川筋のものを二度みただけである。祭の朝、檻をめぐるホリッパ・ハウ（踊りの声）には別に意味がなく急テンポで、

　ヘイ　イヤ　ハウ　ホ　ホイ

とうたい踊るが、やがて熊に縄をかけるころ老婆がでてきて、

　神が遊ぶよ
　仔熊が声を出すよ
　仔熊が遊ぶよ

おとなしく
　さあ　遊べよ

などとうたう。その老婆は仔熊に話しかけて「お前は女なのだから、女らしくおとなしく、縄を受けなさいよ」とさとしていた。

それほど東北部の祭と差異があるわけではなく、季節は春に山で獲って来たものの場合旧暦の十二月か一月の満月の頃（虻田、東静内）である。牡は二歳まで置くことがあるが、牝は春の発情期までに送らないと、神様に恥をかかせることになるから（鵡川）、おそくとも三月頃までには送ったという。やはり部落の願い事や、また遊びに来てほしいと頼むが、檻から熊を出すとき、東北部のように檻の上のセッカウニをとって出すのではなく、檻の床の木をはずして下から出すところがちがっている。

花矢などもあまり変りないが、胆振虻田では牝には赤い布、牡には黒い布をつける。そして、飼った人とその兄弟以外には射ることができない。目立ってちがうところは、送られる仔熊に晴れ着のポンパケやキシャルンペをつけないことと、檻を出た仔熊に神窓から火の神に別れの挨拶をさせないことである。この地方では解体してから剝いだ皮をたたんで、その上に神の坐っている頭をのせ、それを火の神の前に坐らせる（炉に向って置くこと）のである。この際火の神と山に帰る神をめぐって、熱狂した踊りが行われ、抜刀した男たちも刃を自分の方に向けて踊りに加わるが、東北部のエムシ・リムセ（刀踊り）のように梁に切りつけるというようなことはしない。翌朝毛皮を脱ぎすてた神は木幣をつけて股木の上に飾られ、毛皮のかわりに真新しい人間界の厚司を着せられる。そして夜明けの祭

上／火の神と対面する仔グマの神（二風谷）

下／クマの祭壇（平取）

壇から山の方に向って悪魔を追い払う浄めの矢が放たれ、「ホー」という声に送られて旅立って行く。

神がまだ仔熊の頭の上に坐っているとき、綱引きをするのは同じであるが、木の実撒きはしない。長万部では綱引きのあと男同士や女同士が、シド打ちといって棍棒《シド》で背中を打ち合う。男の場合は一人が裸になり、もう一人の棍棒を持った男が「ホホホイ　ホホホホイ」と声をかけて何度も裸の男に近よる。そして「シド　オマンナ（棍棒行くぞ！）」といって背中を強打する。女の場合は着物を着たまま、叩かれる方が「チョーイ　チョイ」といい、叩く方は男と同じように「シド　オマンナ」という。この現在余興化している行事は本質が何であるのか不明である。

また虻田や長万部方面で「チプクルカシ　アラ　フンナ　ホイ　チョイ、フプタレ　チュイ　アラフンナ　ホイ　チュイ」とうたって女同士が踊りを競い合う、ウサンペ・ハウケプ（互いに心臓を破る）という踊りは、踊り負けて倒れた方が、神の国へのお土産として死んだ熊の上に投げつけられたりするが、これもなぜか不明である。樺太《サハリン》には牝熊を送るとき人間の男を、牡熊を送るとき若い女をつけたとか、犬を一緒に送ったりしたという伝承があり、それとかかわりのあることかもしれないと思うが、はっきりしたことはいえない。

また沙流川筋で見たものでは、仔熊を祭壇に飾ったあと、力の強い若者が熊の檻に入り、それに熊と同じように縄をかけ床の木をはずして外に出す。若者はそこら中をあばれまわるが、強い者が組みついて組伏せ、仔熊と同じように首を締める演技をやる。これをアイヌ・ペウレプ（人間仔熊）といって次の熊送りへの関聯があるものとも思われるが、これもはっきりしない。

海獣篇

海獣

野獣の姿をして人間の目の前に現われる神々の国は、人間の能力では到底近寄ることのできない深山の彼方にある。それと同じように、われわれが海獣として見ている獣たちの神の国も、波幾重の彼方遙かな沖合にあり、そこには人間の作った舟などではとても近寄ることができない。神々がそこにいるときには、人間と同じ姿をして魚介を漁ったり、家をつくって焚火をして背中あぶりをしたり、神謡をうたったり物語りに夜をふかしたり、夫婦生活をして子供を育てたりしているものである。だから海獣が人妻に懸想したり、人間の男が美しい海獣にうつつをぬかしたりして、人間生活に波乱を起したりすることもあれば、素直に人間のところに賓客として来ることを拒絶して、文化神に呪われて痛いめにあわされたりすることもあるのである。

これら沖の神の国からはるばる訪れる神は、大事なお客として家に招き迎え、歓をつくして神の国からもたらされたお土産（肉や毛皮）を受け取り、人間界の最上の贈り物を荷造って持たせ、沖の神の国の神々の目を人間界の方に引き寄せるのである。

しかし海の神々を迎えに行くには、色々な困難と危険とがともなうので、舟のあつかいや道具のあつかいにも細心の注意をはらい、また舟の守神として狐の頭骨を舳先に安置して、あらしのときや霧に巻かれたときの守護神としている。

海浜の祭壇（八雲）

海獣を獲りに行くときは魚をとりに行くときと同じように、海に出る前の晩に獲物を送ってくれる神や入江の神に祈願をする。当日は巫踊りの曲などを口ずさみながら舟を進め、沖では山を目印にして行動する。獲物を獲って帰ると村中が出て「沖の獲物《フンベ》あがった《ヤンナ》ようれしいな《オノンノ》」といって歓迎する。海漁を中心にする地方では、大事な神々だけが出入りする神窓《ロルンアパ》から獲物を入れて、沖の獲物を置くレプンモシカルに置き、沖の獲物送り《レプン・イソ・カムイノミ》をする。これは海岸の砂丘にある幅二メートルほどの、真中にハンノキでつくったシャチ神の木幣《レプンカムイ・イナウ》を立てたピシュンヌサ（海浜の祭壇）に、ナナカマドやムシカリの木の木幣をどっさり飾って、遙かな沖合の神の国に送り帰すというものである。

アザラシ

アザラシというよりも現地ではトッカリという名で親しまれている。近代漁業をする人たちにとっては、漁網を破る悪戯者だが、髭をはやした浮玉のように北の海に浮ぶ顔は仲々愛嬌があって憎めない。トッカリとはアイヌ語でドカリで、海をまわり移動するの意であるというが、樺太《サハリン》の東海岸ではカムイ（神）と呼んでいる。北海道ではカムイという普通熊をさし、樺太でも西海岸では海馬《トド》のことをいう。いずれの地方でも人間に食糧や衣類など生活必需品を届けてくれるものが神《カムイ》であったのである。北海道には各地に海豹湾《トカリモイ》、海豹岩礁《トカリシヨ》、海豹岩《トカリシユマ》などという地名が残っているが、それらはアザラシの集る、よい狩場であったところの名残りである。

アザラシの種類

知里辞典によればアザラシを神とする樺太では、年齢によって色々の名で呼ばれているというが、北海道でも北太平洋やオホーツク海の沿岸に来るものは色々な名で呼ばれている。幕末の北海道探検家松浦武四郎の『知床日誌』には図入りで、

水豹《ツーカリ》　トカリと訛る

其品多しといへどもシトカラ（鼈甲皮）を以て第一とし、第二ルヲヽ、第三アムシベ、第四ホキ

リまたヤイッカリと云、第五ヘカトロマウシ又ヘケレと云又レタレと云是に次ものシブイケショー、ウフイツカリ其余種々有、また場所に依て種々の奇品を出す、挙に暇なし、又名も所に依て異なるもの多し、根諸《ネモロ》、厚消《アツケシ》、久摺《クスリ》辺の品よろし、余利是に次とも品多し、ソウヤまた是に次、北蝦夷の産油多くして宜しからず、是を御軽物と号て皆官に納む、定価にて取納る。

とある。ここで第一にあげられているシドカリ（本当のアザラシ）からは、皮が丈夫なので皮紐《トラリ》をつくる。このアザラシは肉もおいしいが数が少ない。氷には絶対に上らず、知床の先の方の岩礁にいてオホーツク海に流氷が来ると太平洋に移動し、氷がなくなるとまた戻って来るという寒がりやで、五月頃に仔を産むという。ある人は毛が真黒で白い斑点があるといい、またある人は毛色は白くて銭形の黒い斑点があるというので、フイリアザラシであるか、ゴマフアザラシであるかははっきりしないが、フイリアザラシは皮も弱く肉もまずいというから、ゴマフアザラシの雄をいったようにも思われる。

ゴマフアザラシは普通ポキリとかケショポキリ（斑点がついている）と呼ばれ、夏になって氷がなくなっても、北海道沿岸の岩礁の上にいる。

フイリアザラシはゴマフアザラシと同じように、夏でも北海道の北方沿岸に出没して漁夫に憎まれる。とくに秋になると海岸によって来る暖流系の種類で、斜里辺ではポン・ドカラといっている。肉もまずく、皮も弱いものである。

アゴヒゲアザラシとクラカケアザラシとは、氷を故郷にするアザラシで、沿岸から流氷が姿を消すと一緒に彼らもいなくなる。数はあまり多くない。アゴヒゲアザラシは髭が長く前方が髭でさえぎられてよく見えないので、これを獲るときには正面から行く方が見付からずに獲りやすい。二月のはじめ頃流氷の上で仔を産むらしい。水の穴の近くにいて人が近寄ると仔を背負って穴から海にもぐるが、仔を連れているため永く潜っていられないのですぐにつかまってしまう。一般にシンプイコロ（シンプイは井戸のことであるが、氷の穴もそう呼び、氷の穴を持っているの意）と呼ばれているが、アムシペ（爪を持っているもの）とも呼ばれ、体長は二メートル以上、体重四百キロ近いものがある。皮はよいが肉はまずく、油が多く一頭獲ると四十リットルもとれたという。

クラカケアザラシも流氷を故郷にする寒流系の海獣で、氷が消えるとともに姿を見せなくなる。昔通雌をルオー（條がある）といい、雄の方をイタシコ（襷がけ）と呼んでいる。皮は薄く、やはり脂肪が多い。どういうわけか人間の真似をして人の方に寄ってきたりするという。

『知床日誌』にあるヘカトロマウシというのは明るいとか白いということで、白変したアザラシをさしている。ヘケレもレタルも同じ意味である。

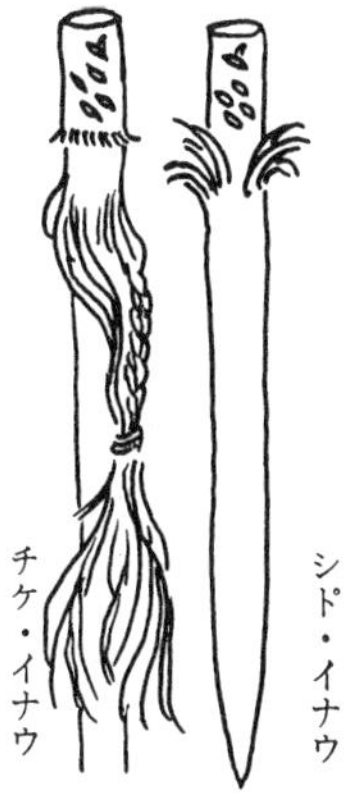

舳先に立て海神に供える木幣（裏面）

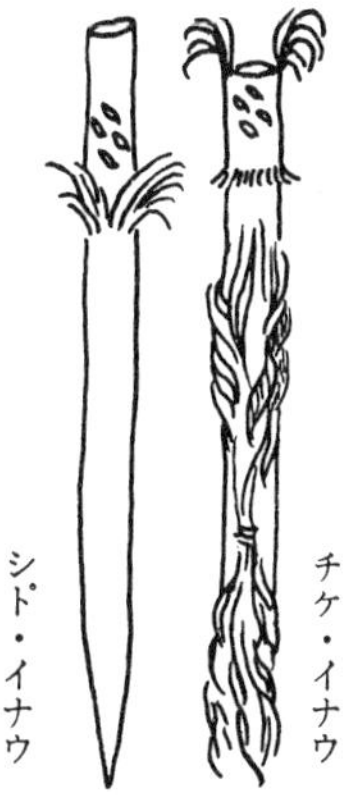

艫に立てフクロウ神に供える木幣（表面）

アザラシ狩り

オホーツク海岸では春三月の声をきくと、氷海の氷が動きはじめ、樺太《サハリン》方面から潮にのって流氷が寄せてくると、それにのってアザラシが南下してくる。この氷が沖に姿を現わすと斜里では、まだ氷が十キロほど遠くにあるうちから海漁の舟を用意し、銛《キテ》や鋸につけるトドやアザラシ皮の皮紐《トラリ》をそれぞれ二本ずつ守り神と一緒に積み込む。そして舟の舳先にはヤナギの木でつくった海神レプンカムイ（シャチ）にあげる木幣と、ハンノキの四方に削りかけをつけた時化や風を防ぐ棍棒木幣《シド・イナウ》を立て、艫の方にはやはりヤナギの木で部落《コタン》の守神コタンコルカムイ（フクロウ神）に供える耳のついた木幣と、やはりハンノキの棍棒木幣を立てて海に漕ぎ出す。

アザラシはきたない氷にはあがらないので、綺麗な流氷を選んで近寄り、舳先で銛を投げる者がかぶりものをとって、舟に積んで持って行ったヤナギかホオノキの枝で、小さな二本の棍棒木幣をつくる。一本は舟の右の方から海の水にひたして流し、海神に捧げ、もう一本は舟の左の海水にひたして能取岬の神に捧げる。これは毎日海に出るたびに流すが、舳先と艫の木幣は猟から家に帰るときに狩猟具と一緒に持ち帰り、春のアザラシ狩りが終ると海に流した。

こうして神々に守護を祈願して氷に近寄ると、除魔力をもつイケマ（ガガイモ科の植物）の根を噛み、舟の進路に吹き散らす。アザラシがいても、猟の邪魔をする魔神がいては獲物が獲れないからである。

海猟の禁忌

沖猟に出かけた者の家で留守を守る者は、行いを慎しみ、身を清くしていなければならない。留守中のものが走りまわったりふざけたりすると、氷の上のアザラシがその真似をして騒ぎまわって落ち着かないといわれ、獲物に近寄れないで手ぶらで帰ったりすると、留守中のものは散々に叱られる。夫が狩りに出たあと家内が他の男と戯れたりすると、やはりアザラシが同じ仕草をしてみせるといって、留守中のものは針仕事もせず床に入って寝ていたともいう。

沖に出かけた者にも色々なタブーがあり、海神の嫌う言葉を使わないように心掛けなければならなかった。アザラシは普通ドカリというが、海ではチラマンテㇷ゚（われわれの獲るもの）といい、氷もコンルとはいわずソッキ（寝床）といった。舟《チプ》はニマㇺ（舟の尊称）、舳先《チプペケ》はレプンネイ（沖に向っている）、艫《チプシプイ》はペウタ（水尻）という。舟の水を汲み出す道具をワッカケㇷ゚（水をかき出すもの）でなくチリリカイ（雫を出すもの）といい、東風もオチユッカンベ（東の者）といわずメナシチリペ（東から雨をふらせる者）といった。このようにして海神の機嫌をそこねないように気をくばった。

狩猟の状態

舟が流氷につくと一度氷の上にあがって、思わぬ遭難をさけるために、まず風とか天候の状態、氷の状態や潮流との関係を充分に観察する。その後でさらに沖へ向うが、このとき潮の流れと同じ方向へ行くと舟を氷に挟まれるので、必ず潮に向って舟を進める。そして十キロほど沖に出たところで舟を氷の上に曳きあげる。氷が割れても海に落ちないように雪輪《かんじき》を履いて、氷の上を舟を滑らせて歩き、氷のあいているところは舟で漕ぎ渡る。こうして黒々としたオホーツク海に浮ぶ流氷の間にアザラシを探し求め、夜になると舟の中に入って、犬の皮や莚をかぶって氷原の夢を結ぶが、風がでてくると、魔神でも近よるようにキチンキチンと氷がきしり、容易に眠れなかったという。

享和元（一八〇一）年、幕吏の書いた『蝦夷道中記』の中に、オホーツク海のアザラシ狩りのことが記されている。

この辺（紋別）よりシヤリ辺まで冬より春に至るまで海中に出てアザラシ、トドの類を取、時として□《欠字》風に逢てクナシリ辺まで漂流せる事度々也、且冬に至れば氷海となる事にて、やゝもすれば水鳥の足氷にとられうためきぬを伺ひ打殺事ありとそ、又春風に解る氷のひまを得て浮び出る海獣を猟す、此時に氷上を行、或州間五十間斗もこほりの絶間所々はをよき越して行よし、なれにし業と云ヘレヤイタノアン事とも也恐あるといふ事也

こうして苦心惨憺してアザラシを発見しても、アザラシに気付かれないように近寄らなければ獲ることはできない。アザラシを発見したら絶対舟縁から頭を出してはいけない。舳先で銛を持つ者は艫で舟の梶をとる者に、舟の方向を左右の手で合図し、銛を投げる距離に達すると銛を投げる者は櫂《アシナプ》を水の上に流し銛を打つ用意をする。流した櫂は真中にいる者が拾いあげる。

銛は長さ三メートルほどの、シウリ材の柄のついたものを二本用意し、アザラシの横腹をねらって投げ槍のように投げつける。銛がアザラシに当ると柄から皮紐《トラリ》のついた銛先だけがはずれ、柄は皮紐の途中にぶらさがって紐と直角になる。獲物が水に潜るとこの柄が水の抵抗になってアザラシは深く潜れなくなり、早く疲れてしまう。

千島での猟法は、「極寒に成ると氷一面張詰め、氷海と成る。尤汐路は幅一丁程明き急流の川のご

オホーツク海のアザラシ狩り

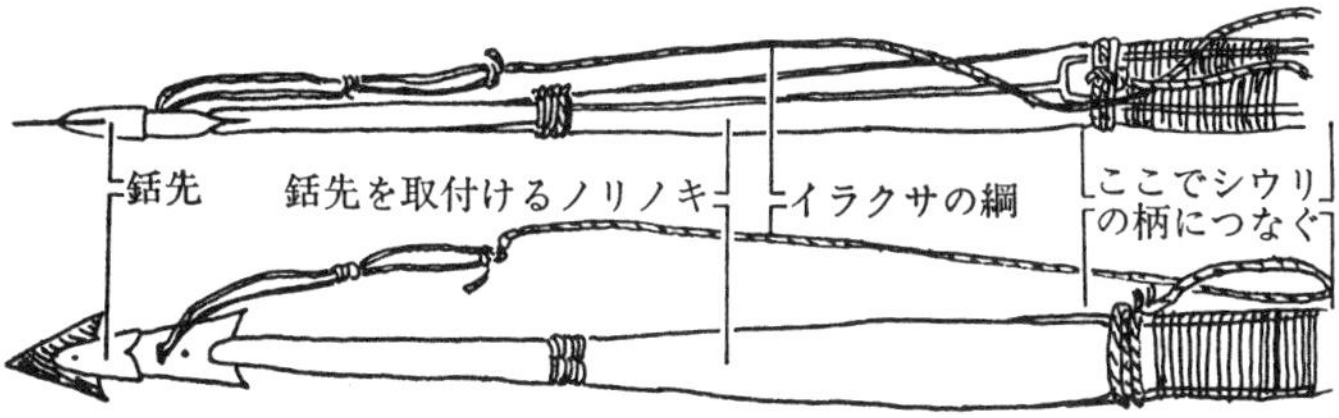

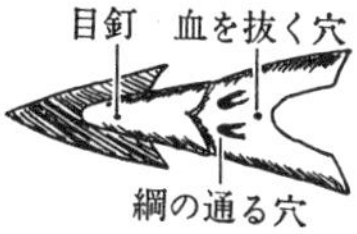

上／アザラシ狩りの銛

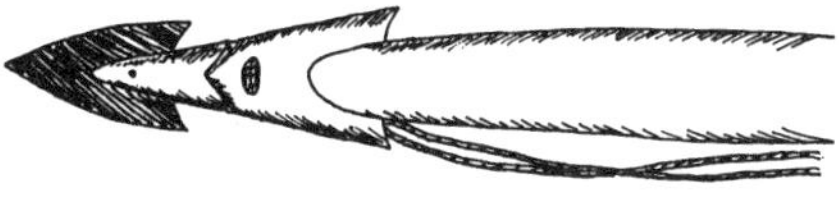

左／アザラシ狩りの銛先（頭部は古い鋸の鋼鉄，胴体は鹿の骨かクジラの骨でつくられている）

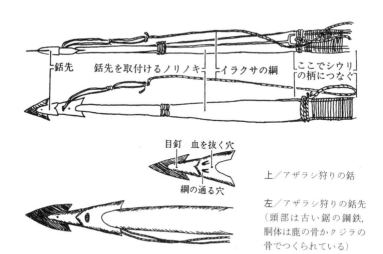

とく、この明きよりトド、アザラシの類出で、氷の上へ登り臥しおるを夷人地方より氷を歩行してこれを猟す。天気にして風なき日は、一人にて二疋三疋も棒にて打殺し……」（松田伝十郎『北夷談』）というものであった。樺太《サハリン》では秋のうちに沖にアザラシのあがる木を浮せておき、柄を何本も継ぎたして、先に浮きをつけた銛で陸から突いて獲った。

松浦武四郎の『西蝦夷日誌』には、日本海の焼尻島について「此処には水豹《あざらし》多し、一年の取高三千頭にも及ぶ」とある。

獲物の処分

アザラシ猟で最初に獲ったものは氷の上で解体し、大腸の一部五十センチほどを梶棒木幣《シド・イナウ》につけて海神にお礼として捧げる。あとは全部家にもって帰り、肉と脂肪を一センチ角ほどに切って小さな梶棒木幣に刺したものを沢山つくり、このうち二本を焚火の近くに立てて火の神に捧げ、あとはシャチや熊、フクロウなどの神々とか、近くの山々や岬の神々にあげる。あとの肉は近所の人々を招いて御馳走をする。

他の神へ捧げるのは初猟のときだけであるが、海神にだけは毎日最初に獲れた獲物の大腸と肉と脂肪の一部とを木幣につけて氷の上に供えた。

アザラシ送り

北海道ではアザラシは山の鹿と同じように、それ自身神でなく特別の神送りはないといわれている。もっともオホーツク海岸では、肉と脂肪をとったあとの骨は木の根元などに積んでおき、頭の骨だけはアザラシ猟の間中家の中に飾っておいて、猟が終ると欠木幣《チメシユ・イナウ》をつけて送ったというが、これは海に持って行き「またアザラシになって氷に乗っておいで」といって流すだけのものであったという。釧路でも頭の骨を欠木幣に包んで海岸に持って行き、何かいいながら砂をかけて、そのまま海の方に向けて押してやるだけであったという。しかし八雲では昔アザラシを獲ったとき「小魚でもほしいと思って舟を出したのに、あなたのような沢山荷物を背負った（肉の多いの意）尊いお方が来て下さってありがとうございました。あなたには大勢仲間がいるとききますから、沢山木幣を差上げます。どうか重なり合っておいで下さい」といって送ったということであり、古くはやはり大事な神としてあつかわれたようである。

調理法

アザラシを一頭全部食べると、すべての栄養が充分補給されるといわれているが、肉は血臭いから、薄く切って油でいりつけるようにして食べたという。肺や肝臓は半煮にし、腎臓は焼いて食べた。脳漿も塩味にして食べたし、腸は六十〜八十センチに切って心臓とともによく洗い、脂肪を入れ煮て乾しておき、乾魚などと一緒に煮て食べた。

樺太のアザラシ

樺太《サハリン》では大事な神であったから、三月になりアザラシ狩りに出る頃になると、その前に酒をつくって四方の神々にあげ、豊漁を祈願した。これらはすべて北海道よりも重要な行事として行われたようである。

樺太の巫女の憑神にはアザラシが多く、塩水を飲んで神憑って託宣をするのによく出会ったが、樺太には次のようなアザラシと人妻の婚姻の伝承もある。

遠い村に一人の娘がいた。その娘は狩りの上手な男と結婚し何不自由なく暮していたが、男が狩りに熱心で自分をあまりかまってくれないのに不満をもっていた。そこである日、女は夫が狩りに行った留守に立派な着物を着て、首飾りをし御馳走をつくり、裏の細道を通って小さな沼の縁に行った。そしてそこに蓆を敷いて御馳走を並べ、「早くあがって来て、夜も昼も私と一緒に遊びましょう」とうたって踊ると、沼の水が波立ち何かが岸にあがったかと思うと立派な男になった。女はその人間だか神だかわからない者と一緒に、御馳走を食べたり遊んだりして過した。そして夫の帰らない先に家に戻って、いつもと変らない姿をしていると、夕方家の裏に鹿を獲って来ておろす音がして夫が帰って来たが、その日は何も起らなかった。それから二、三日すると夫はまた山に狩りに出かけたので、女がまた沼の縁にいって神様を呼ぶと、アザラシの姿をした神が陸にあがってきて身震いをし、急に立派な人間の姿になった。二人は一日中戯れ遊んでいたが、急に神様がもがき苦しみ出したので、びっくりして見ると神様の背中に、いつの間にか帰った夫の投げた銛が突き刺っていた。

神様は靄のように血を吹きちらしながら沼に飛び込んで水底に潜ってしまった。夫は女をボロ布のようになるまで擲って捨て帰り、省みようともしなかった。その後夫が狩りに出かけた留守中、女はまた晴着を着て沼に行き、そのまま沼に入り水底に潜って行ったが、少しも苦しくないので沼の向う岸にあがってみた。すると神様が血を散らしながら石の家に入った跡があるので、入ってみると唸り声がして、足の方にも頭の方にも高い枕をして苦しんでいる神様がいた。女が側を離れず看護をしたので神様の傷は癒り、神様と女は改めて夫婦になり、歳老いて死んだという。

これは北海道における熊や狼との婚姻咄と全く同型のもので、神と血縁になることにより生活の安定を願ったもののようである。

樺太《サハリン》ではポンペ（小さいもの）と呼ぶゴマフアザラシの皮で、オッコという着物をつくったという。この着物は襟だけは布をつかい、背中や肩、裾などには四角や三角、小判形の皮で模様をつけたという。

化けアザラシ

北海道にも毛皮の模様の美しいアザラシが人間の女に化けて、人間の家庭に風波をたてるというつぎのような話が伝えられている。

明治の初め頃、オホーツク海岸の斜里にイペランケという老婆がいた。この老婆の若い頃、夫は冬になると毎日アザラシ猟をしていた。ある日夫はとても綺麗な斑点のあるアザラシを獲って来たが、それ以来イペランケを虐待するようになった。イペランケは何か夫に悪い憑物でも憑いたのではないかと、ある夜ひそかに起きて家の入口で斧を持って待ち構えていた。すると、夜中頃に何か家に入ろうとするものがあるので、斧の一撃を加えたところ手応えがあった。あとを見ると綺麗な女の片腕がおちていた。その翌晩夢の中で美しい女が訪ねて来て「私はコシンプという妖精だが、斑の美しいアザラシに化けてあんたの夫に憑いたため、昨夜は片腕をとられてしまった。これからは夫もあなたを虐待しないようにするし、あんたには一生不自由をかけないから、夫だけは私に下さい」といった。イペランケが夢からさめてみると、女の片腕がなくなっていた。それからは妖精のいう通り夫は優しくなったが、まだ若いのに病気になり他界してしまった。しかしコシンプのいった通り、イペランケは一生不自由なく暮せたと。

オットセイ

オットセイをウネウとかポンフンペ（小さい海獣）と呼んでいる。ウネウについて知里辞典には「この語は『オンネプ』から出ている。『オンネプ』はもと成獣の雄を意味した。それが『オンネゥ』となり、更に『ウネゥ』となるに及んで、意味が分化して雌雄をひっくるめたオットセイの総称となったらしい。」とある。なお内浦湾でも老大獣をオンネプと呼んでいる。

この海獣は慶長十五（一六一〇）年、徳川家康が「陰茎を膃肭臍という、薬にすれば腎気を増し陽気を助るとて貴重され」献上を命じてから急に需要が多くなり、享保三（一七一八）年からは毎年将軍家に献上するため、奥尻島に膃肭臍奉行が置かれるようになった。『蝦夷図説』には「男根《チイ》は会所に収め、胆と肝を家に持帰り干して薬とし、肝はよく精気をまし、又此生血を飲時は生涯頭痛の苦を除く」とある。

寛政三（一七九一）年、紀行家菅江真澄は内浦湾の長万部《おしやまんべ》でオットセイについての正確な記録を残している。

ウネヲは、かんな月の寒さを待得て、冬の鯡《ヘロキ》《にしん》の集《すた》くをくはんと追ひあさるを、蝦夷舟《チイツフ》こゝら、このコタンより乗出て、突きてんとねらひありけど、冬の海のならはしとて、いつも浪あれ風はげしければ、アイノら挙て平波《ノト》《なぎ》あらん事をいのり、斎醮《カムヰノミ》とて神にみわ奉り、をのれらも酔ひ、かく祈禱《ツシユ》して、あら波のうちなごむしるしをうれば、海はいづらにかウネヲのあらんと狐《シユマリ》の頭《シヤバ》ををのれをのれがかうべにいただき（天註――狐をシュマリともシュマリカムヰともいひ、もはら黒狐をおそり尊めり。さりけれど撃てとりぬ。）そとふりおとして、そのシュマリのシヤバの口《ハル》の向たらん方に、ウネヲのあるてふ神占《トシユキ》して、それをしるべに十余里の沖に、あまたの船《チイツフ》をはるはるとこき出るに、たがはずウネヲは、あをうなばらの潮と浪とを枕に寐るといふ（天註――干尼袁《ウネヲ》は海寐魚、又倦寐魚ちふシヤモ詞のうつりにてや。仁徳紀に瀰灘曽虚赴於瀰能烏苦咩《ミナソコフヲミノヲトメ》などいへり。こは水底歴《ミナソコフ》魚《ヲ》とつゞきたる辞にして、ウネヲも倦み寐る魚ちふこと葉にてや。）それが寝るに、そのかたちしなじな也。ヨコモツプといふは片鰭《テツヒ》にて、ふたつの足《ケマ》をとりおさへて、左のテッヒをば海にさしおろし、汐をかいやりてふしぬ。これには、投鋒《ハナリ》いと撃やすし。テキシカマオマレとて、片鰭《テツヒ》をば水にさし入れ、右のテツヒを腰にさしあてて、シヤバのなからばかり潮にひちて寝たり。チヨロボツケとは、かたテツヒを水に入れて、さし出したるふたつの脚《ケマ》を、かたテツヒしておさへたり。カキコシケルといふは左のテツヒを水に入れ、右のテツヒを上にさゝげて、身をふるはして寝たり。セタボツケといふは犬《セタ》の寝したる姿にことならず。かかるなかにも、テキシカマオマレといふが耳のいとはやき宿《ね》やうなれば、いつも、これを突もらすと、蝦夷《アヰノ》の物語《イタク》にせり。ウネヲの牝をポンマツプウネヲといひ、牡をデタルウネヲといへど、痦寐たるすがたは牝牡ともことならず。ウネヲの漁《レバ》にとて男《ヲツカヰ》の沖に出れば（天註―ヲツカヰの仮字にや、オツカヒのかなにてや）、女《メノコ》はゆめ鍼《ケム》を把らず木布《アツシ》も織らず、飯《アマム》もかしがず手もならはず、たゞふしにふしてのみぞありける。其ゆへは、オツカヒ漁《レバ》に出てハナリ〔投げ銛〕とりうちねらふに、そのアイノの家《チセキ》に在るヘカチにてまれメノコにてまれ家にせしとせし事のかぎりを、波に寝たるウネヲの、ふとめざめてそのまねをすれば、えつきもとゝめず、手をむなしう、はらぐろにのゝしりこぎ皈り来て、けふはしかじかの事やありつらんと、そのせし事どもを掌をさすやうにとふに、家に、せしとせしわざの露もたがはねば、屋を守る人をそれをのゝき、身じろぎもせずして、ふしてのみぞありける。かゝればウネヲも、うなの上に能ふし、よくいねて、搏《うち》やるハナリのあたらずといふ事なけんと。つとめてウネヲを漁《と》りに出んといふとき、なにくれと其漁《レバ》の具どもを南の牕《フキ》より取出し、カンジ、アリンベ、ウリンベ、マリツプやうのものとりそろへ捞出て、海の幸もありてウネヲを捕得て皈来て、其ウネヲをば船底に隠しおきて舟よりおりて、をのが家に入て、ウネヲ撃たる事は露もそれともらさで、なにげなう、つねの物話をし、烔酒《たばこ》くゆらせなどして、れいのごとく南の窓より、撃たるウネヲも、その漁《レバ》の具も取ぐして入れ、ウネヲをば厨下《うちには》に伏せて、臠刀《エピラ》もてウネヲの腹を割《さき》て胆《ニンゲ》を採りしぼりて、舟の舳に、ウネヲの血ぬる斎祀《まつり》あり。ウネヲをさいたる小刀《エピラ》もて、ゆめ、こと魚を、さきつくることなけん。（『蝦夷廼天布利』）

これほど正確で詳しい記録は他にない。筆者が内浦湾の部落を歩いて訊書をとったもので、これに加えるものは少い。虻田ではオットセイが海面に浮んでいる寝方で、横になって鰭を出しているのをウドルサムといい、仰向に寝ているのをクッコトホッケといっているが、後者は腹を上に向けて寝ているので銛が刺り易い。しかしこれに近よるには風下の方から、櫂を水から出さずにねり櫂という漕ぎ方で、音を出さないように近寄ったという。また八雲では寝ているオットセイも獲ったが、三人乗りの舟で車櫂で追って銛をうったともいう。

またオットセイの所在を知るのに狐の頭（下顎骨）を使うことが記録されており、獲物があるとこの頭はその血をつけてもらうという。この他にカモメや「鳧《ケリ》のごとくなる鳥群れり」と『蝦夷島奇観』にも記された、一般にオットセイガモ（アイヌ語でウネウ・チカプ）というウミガラスの群れているのを目標にして獲物に近づいた。

家族の者が留守中の行動をつつしむのは、アザラシの場合と同じであるが、トドやクジラに銛を打って海上を引きまわされたように、オットセイのためにも散々痛い思いをさせられたらしく、長万部

ポンフンペノカ（八雲）

ではそんなとき、ケナシソーカタ・カムイウナルペ（川添いの木原にいる叔母神）という女神に、

「私は今家族を養うために、この大洋の神の国に来ているのです。だからこの獲物を獲らせてもらったら大事に祀り、あなたにも本当の木幣や酒でお礼をしますから、どうかおとなしく獲らせて下さい。」

といって助けを求めたという。はてもない大洋を引きまわされるのだから、こうした言葉が出てくるのも当然であろう。

獲ったオットセイの頭は、八雲ではアザラシと同じように春になってからまとめ、「今年はこれで終るが、来年はまたどっさりやって来てくれ」といって、海岸の丘にある海浜祭壇《ピシユンヌサ》に送る。これをフンペ・イオマンテ（海獣送り）とか、レプンイソ・カムイノミ（沖の獲物の祭）というが、長万部ではまとめずに獲るたびに頭を送ったという。

また八雲以外では訊いたことはないが、オットセイを獲ると、オットセイの形に曲った木で、ポンフンペノカ（小海獣の形）という形を十頭に一つあてつくり、漁が終ったときに海浜の祭壇におさめたという。またこのポンフンペノカの胸の心臓部のところに穴をあけて、ここに獲物の血をもり、祭壇には納めなかったともいう。

トド

北海道で普通カムイというと熊をさす言葉とみてよいが、昔の樺太《サハリン》西海岸ではカムイというとトドをさしたという。これは樺太ではアザラシやトドが重要な獲物であったことを物語るものである。

北海道にも昔はずいぶん多くいたらしく、現在でもトドが集るのでトド岩と呼ばれるところが小樽市、釧路村、浜益町、古平町にあり、海馬島《とどじま》と呼ぶ島が猿払村、増毛町、礼文島、根室市、奥尻島、松前町に残っている。昔は樺太の海馬島が有名であった。これらの地名が残っているのは、やはり重要な狩猟の対象となった海獣であったからである。

アイヌ語では一般にエタシペと呼び、鼾をかくものの意であるという。北海道にいる灰色で大形のものはアイヌ語でコンコン・エタシペといって、これは頭の骨が堅くて鉄砲玉も通らないから、目か耳をねらわなければならないという。また普通エタシペというのは黒くて小形のものであるというが、八雲辺ではこれをたんにエタシペとはいわず、エタシペ・フンペとも呼んだという。

これを獲る方法は、いわゆる海馬島にあがって眠っているところに、舟で忍んで行って銛《キテ》を投げつけ、どこまでも舟を曳かせて、疲れたところでとどめをさすというものである。銛は鉄製で、毒は使わず、紐はツルウメモドキの皮の繊維でつくる。トドが水にもぐったときに水の抵抗になる銛の柄には頑丈なシウリの木が用いられる。

宗谷に伝わる昔話に、つぎのようなものがある。

昔、ポノサマイクルという神がいた。このポノサマイクルがある日外に出て浜の方を見ると、サンナイの沖の島にトドがあがっていた。そこでポノオキキリマ（小文化神の意）とともに舟を出して、立派な銛に丈夫な柄と綱をしっかりとつけ、サンナイの島に舟を漕ぎ進めた。ポノサマイクルは島かげから忍び寄り、大きなトドに銛を投げつけ、しっかりと両手で綱をつかんだ。ポノオキキリマも一緒になって綱を握った。ところがトドは七日七晩も海上を北から南へ、南から北へと舟と一緒に二人を曳きずりまわしたが、トドは少しもへたばらない。

ある日トドがそっと水から顔をあげて二人の様子を見ると、二人とも腹がへっていることがありありと顔に出ていたので、

「今に見てろ」

とトドはまたも水底深くくぐって走りに走った。ポノオキキリマはついにたまりかねて「綱を切るべ」といいだしたが、ポノサマイクルは「いやここで負けてなるものか」と、手を血豆だらけにしながらも歯をくいしばって、なおも綱を離そうとしない。しかしポノオキキリマがついに倒れてしまったので、ポノサマイクルも仕方なく綱を切って、

「ヤイ憎いトド奴、お前はただの人間だと思ってわれわれをひどいめにあわせたが、今に見てろ、お前の身体に刺っている銛の木はノリノキだし、綱はイラクサだから、二、三日するとお前の身体にはノリノキやイラクサが茂って重くなり、段々と泳ぐこともできなくなる。そのうちに銛の

日高海岸のトド（道警職員撮影）

柄のシウリが林になって、全く泳げなくなるぞ。そして夜昼七日の大時化にあって山と淵との間に流され、波打際に寄り揚って腐り、小島になって、大きくなったノリノキやシウリを伐りに来る男たちや、イラクサを刈りに来る女たちに小便をかけられて、ひどい臭いめにあうぞ。

といって山に行ってしまった。「何をたかが普通の人間のいうことが」とトドがたかをくくっていると、二、三日すると時化がきて、言われた通り浜に寄り揚って腐り、その上にノリノキやシウリが大きく伸び、イラクサが茂り、それを採りに来る人間に小便をかけられ、情ない目にあった。だから人間だと思ってバカにするものではない。

と大トドが物語った。

銛で獲るだけではなく、バッコヤナギの皮で一尺目はどのエタシペ・ヤ（トド網）という大網をつくり、それを張っておいて獲ったこともあると、やはり宗谷できいたことがある。

石狩川筋と釧路の白糠できいた昔話はつぎのようなものであった。

昔、トドはとても大きくて、海にたった一頭しかいなかった。そして自分くらい力のある偉いものはないと思っていたし、陸の上も全部自分の領分だと思って威張っていた。ところがあるとき、陸にはヌプリ・ノシキコロ・カムイ（山の中央を支配する神の意）という熊の王がいて、大変な力持ちであるばかりか、何でもわかる偉い神様だということを耳にした。そこで、「このままにはしておけない、そいつをやっつけて海でも陸でも一番偉い神様になってやろう」と、大きな川を伝って山にのぼって行った。途中川の中に大きな木の根株があると、こうして熊の王を嚙み殺してやるのだ、といって木の株を嚙み砕いたりしながら川の水源にまでたどりついた。するとそこに大きな穴があったので、

「山のおやじ出て来い、喧嘩をやるべ」

とどなった。熊の王は、

「何もわけがなく喧嘩をする必要はないだろ、つまらないことはやめろ」

といったが、トドが、

「どうして出て来ないんだ、おそろしくてかかって来られないのか」

と威張りちらしているので、仕方なく熊の王も出て来て、

「お前は海では一番偉いか知れないが、だいたいお前は大きいので強いと自慢しているらしいから、これからは小さくして海の上にばらまいて、人間の食物にしてやろう」

といって大トドを食い千切り、川の中に投げ込んだ。食い千切られた大トドは川の中で小さなトドになって海に下って行き、それからは人間の食糧にされるようになった、と。

これに似た話がオホーツク海岸の枝幸町岡島にある岩について伝えられている。「昔熊とトドとが争ったが、熊が勝ってトドを引き裂き、海の中に投げ散らして山に引きあげようとした。ところがそのことを怒った神が熊を捕えて八ツ裂きにし、両方とも岩にしてしまった。その岩の一方が現在熊岩と呼ばれているものであり、もう一方の、海の中にある岩はトドの引き裂かれたものである」というものである。

また北見美幌には「山の頂にいる熊があまり気が荒いので、国造神が海に投げたのがトドになった」とか、「トドと夫婦になった」とか、「熊とトドとが妹を交換したので、それでこの両者は肉の味も頭の形も似ているのだ」などという話が伝えられている。

さらに日高地方にもつぎのような伝承がある。

昔国造神が煙草に火をつけようとしてシラカバの木をこすり合せたが、火がでないで黒い粉と黄色い粉がこぼれ、黒い粉が熊になり、黄色い粉は疱瘡神になった。そこでこんどは石をぶつけ合せるとやっと煙草に火がついたが、その石の一つを海に投げたらクジラになり、もう一つを草原

に投げると大きなトドになった。ところがシラカバの屑がなった熊は石から生れたトドと仲が悪く、何かにつけて喧嘩ばかりしていた。トドが熊に「泥んこ野郎」というと、熊は熊で「砂まみれの化物」とやり返すといった具合である。こんな仲の悪いのを二つとも陸に置いたら碌なことにならないと思った神様は、「お前たちどっちが早いか競走してみろ、そして負けた方はこれから海へ行け」といった。二頭は競走をしたが、石でできたトドは身体が重いのでとうとう熊にまけ、泣く泣く海に棲むようになったので、くやしくてくやしくて今でも海岸の岩にあがって、熊のいる山に向って吠えているのだと。

こうした熊と仲が悪いという伝承はどういう意味をもつのかはっきりしないが、熊は盛大に神送りをされるのに、北海道ではトドに対する祭事はどこにもない。おそらくトドを神《カムイ》と呼ぶ樺太《サハリン》では祭事も昔話もちがっているだろうと思われるが、残念ながら私の手元にその資料がない。

ただ樺太の海馬島には、つぎのような舟漕歌があった。これは二、三十人も乗れる大きな船でトドを獲りに行って、トドの脂肪を膀胱につめて舟のまわりにさげ、船を漕いで帰るときうたったものである。

hora hun o sanosa
inya hō ē
hara hun o sanosa

inya hō ē
ayare e e ro reoeo
ke pon pino utara
itan paya kane itan paya kane
syobu kane syobu kane
hora hun o sanosa
iya hō ē
ayare e e a roure o e o
hora nuo sanosa
iya hō ē
omokazi
torikazi

ほとんど掛け声ばかりであるが、船を漕ぐ若い者をはげます日本語の掛声や、「面舵」「取舵」などという日本語も入っている。

トドの油は昔の食生活にとって重要なもので、クロユリやヒシの実、ウバユリ、エゾエンゴサクの塊茎を入れたご飯には必ずこの油を入れたし、トドの脂肪肉は珍味として賞味された。ある女性の戯

歌として伝えられているのに、

エタシペ　キリプ　ネプタ　アン

シサム　チエヘ　ケラン　ケラン

などというのがある。

またこの皮を細く長くどこまでも続けて切裂き、張り乾した革紐はトラリといって、家具や器具を結束するのにまたとない必需品であった。

北見美幌ではアザラシやオットセイなど他の海獣を獲りに行くときと同じように、トド狩りに出た者の家族が騒ぎまわると、獲物のトドも騒いで仲々獲れないといわれ、留守を守る家族はおとなしく身をつつしんでいなければならなかったという。

イルカ

こゝらの黒魚《いるか》《タンヌ》、沖もせに群れ行が行あらそひ、波を離れて五六尺斗も飛《いつさかむさか》あがるを見て、ハナリ撃てんとアリンベ〔一本銛〕にギテヰ〔銛頭〕てふものをさし、アヰドスとて細き縄をギテヰに付て、柄《から》もひとつにとりもて、ぬかにこれをさしかざし、たちねらふにおちて、浪のそこにしづみかくろふを見て、あなねたましとて船追ふ。……

紀行作家の菅江真澄が寛政三（一七九一）年に礼文華の崎で見たイルカの群の姿である。この辺で

イルカ漁

はアザラシと同じように、銛で獲る海のよい獲物であったから、アザラシを獲ったときと同じように、頭の肉を煮て食べたあとの骨は削りかけをつけた一メートルほどの棒にさし、最初に獲ったのに「親類をどっさり連れてこないといい木幣をやらないぞ」といって、鰭や尾の骨と一緒にとっておき、二、三尾まとまるとオットセイなどを祀る海浜の祭壇におさめた。

一般にタンヌと呼んでいるが、天塩や十勝方面でテㇽケ・チロンノㇷ゚（とぶ獣）ともいい、石狩川筋や釧路ではテレケㇷ゚（とぶもの）という。八雲では入道イルカのことをオケクス・タンヌ（下痢イルカ）といい、普通のイルカは亀を獲ったときと同じように、首のところの脂肪肉を小さく六つに切って、燠の上にあげて火の神に供えた。

熊をキムン・カムイ（山にいる神）と呼んで、山で一番大切な神としているように、海にもレㇷ゚・ウン・カムイ（沖にいる神）といって大事にするシャチがいる。それは人間の力ではどうにもならないほど巨大な、小山のようなクジラを斃して、その豊かな脂肪肉を部落《コタン》の浜辺にどっさり送り届けてくれるからである。

山の神である熊はその魂（神）を山奥の神の国に送り帰し、復活した神は幾度でも人間の村の来訪者になる。そのための神送り（イオマンテ）の祭事が盛大に行われることはすでに述べた通りである。ところが沖の神であるシャチは、それを獲物として獲るということもしないし、もし流氷などにはさまれて死んで海岸に漂着しても、肉や脂肪だけをとって木幣《イナウ》をあげるだけで、特別なことは何もしない。

だが海岸で海漁を生活の中心にしている人々は、この神を最も重要な神として、家紋にはシャチの鰭の形を表わすアシペ・ノカ（背鰭印）をつけ、海の神々に捧げる木幣《イナウ》には必ずこの印しを刻むことにしている。だから木幣のこの印しをしらべると、たとえ山で生活している人たちでも、昔海と関係のあった人々であるということがわかる。その木幣をレプタ・エカシノミ・オレンオマン・イナウ（沖の長老の祭に行く木幣）などと特別の名で呼ぶところもある。

山狩りでは一般にハンノキで木幣をつくるということはしないが、オホーツク海岸の方ではシャチにあげる木幣だけはハンノキでつくる。どういうわけかこの沖の神は赤いものを好むので、木質の赤いハンノキを用いるのだという。石狩川筋（もと石狩の浜にいた人々）でも、シャチがクジラを襲っているのを見ると、木幣をつくり赤ん坊を連れて行って見せるという。するとシャチが近寄って来て、海に投げ入れた木幣を背鰭にからませ、クジラの脂肪肉を切ってよこすものであるという。

熊の場合と同じように、この海の一番偉い神であるシャチと人間との、婚姻に関する昔話がいくつか伝えられている。

山のお婆さんに一人娘があり、結婚する年頃になった。お婆さんは娘をどこへ嫁にやろうか、山の神の熊のところにもいい息子が二人いて声もいいが、少し声が大きすぎる。それでは雷神の息子はどうだろう、だがこっちの方はもっと大きな声を出すから、娘がびっくりするにちがいない。さて誰がよかろうかと思案をしていたが、ある日シャチが娘を沖に連れて行ってしまった、心配していると娘は毎年一度ずつ帰ってくるので、互いに身体をさすり合って喜んだ。

これは十勝地方に伝わるものであるが、樺太《サハリン》に伝わるものにも、「老人が娘をシャチの嫁にやったところ、次の年老人が沖漁に出たら、シャチの背に乗った娘が、人間の姿をした子供を抱いて見せに来た」とある。神々の国はそれぞれ天上や山奥、沖合遥かなところにあって、神々はその神の国で人間と同じ生活をしているものとされていたから、人間と婚姻関係を結ぶということは不自然なことではなかった。またこれらの神々と婚姻関係を結ぶことによって、神々との間に血族関係ができ、神は人間界に（獲物として）遊びに来やすくなる。したがってシャチと婚姻関係を結ぶということは、海に生きる人たちの生活の幸と結びつくことであったのである。

これが海から離れた山奥で生活する人になると、シャチに関する伝承もおのずから内容がちがってくる。日高の山の中に伝えられている神謡にはつぎのようなものがある。

偉いフクロウの神が、お膳やお椀などをつくってくらしていた。ある日このフクロウ神が、天気がよいので浜に遊びに出かけ、高い櫓の上で休んで、海の上手の方の神々の様子を見たり、海の下手の方の人間や魔物の村の方を見て、のびのびとしていると、沖合をシャチの群が列をつくって通るのが見えた。その中で一番先頭にたった兄のシャチは、弟たちに「今まで浜に出たことのない偉い神様が休んでいるから、皆静かに並んで来るんだよ」といって注意をした。それで皆おとなしく泳いでいると、一番末の弟が「何だフクロウなんて土の穴に棲んでいる化物でないか、何をかしこまる必要があるんだ」といって海の底にもぐり、海底を持ちあげて空に投げあげた。そのため静かだった海が物凄い形相を示した。

それを見たフクロウ神は「私は何も悪気があってここに来たのではなく、あまりよい天気なので出て来ただけなのに、そんな悪口をいうなら互いに力くらべをしてみようか」と、金と銀の柄杓で海の水を掬って汲みあげたので、海がすっかり乾あがってしまった。魚たちは太陽にやかれ、水をほしがってのたうち苦しみながら、中には死んでしまうのもあった。

そこで海の神々が手をすり合せて（威儀を正して）、「一人の悪い者がいたばっかりに、罪のないものまでが苦しめられては可哀相であるから、どうか勘弁してほしい。そのかわり一年に一度はクジラの親子をあげましょう、そしてこれまではあなたたちと私たちは友だちでも親戚でもなかったが、これからは友だちや親類になりましょう」といった。フクロウ神も納得して汲みあげた海の水をもとに戻したので、魚たちは元通りになり、シャチ神は約束通りクジラの親子を送ってよこすようになった。フクロウ神はその親クジラを神々たちに、子クジラは人間たちに呉れてやったので、人間たちからいっそう感謝されるようになった。

フクロウ神とはシマフクロウのことで、山奥で川漁をする人々はサケなどをとってくれるこの鳥を部落《コタン》の守神としている。この神謡はその川漁で生活する部族の伝承で、シャチを最高神にする海の部族との交流を物語るものである。

また北見美幌での伝承によると、熊とシャチとは元来仲が悪く、シャチが熊のことをトイ・ソツキ・コロ（土の寝床持ち）というと、熊はシャチのことをオタ・ソツキ・コロ（砂床野郎）といって、悪口のいい合いをするという。これは熊を大事にする狩猟族と、海岸に出て漁撈を中心にする、シャチを守神にする部族とが、何かといえば反目し合っていたことを物語っているように思われる。

シャチは一般にレプンカムイ（沖にいる神）というが、レプタ・カムイ（沖の神）、カムイ・フンペ（神クジラ）、イコイキ・カムイ（それをいじめる神の意で、それとはクジラのこと）、イソヤンケクル（獲物を浜にあげる神）などと呼ばれることもある。神謡の中ではトミンカルクル・カムインカラクル・イソヤンケクル・カムイラメトク（宝物を見る神、神を見る神、海幸を浜にあげる神、神なる勇者）などと長々と称えたりもする。

奉酒箸に刻まれたシャチ

十勝の海岸ではシャチがクジラを襲っているのを見ると、丘にあがって木を削り、シャチのキケピリパ（手拭）として海に流してやる。すると大きく切ったクジラの肉を海岸に寄せてくれるという。

またこの神には兄と弟とがあり、兄をシアチャンクル（大きな頭である神）といい、弟をモアチャンクル（小さい頭である神）といって、人間の舟が流氷などにはさまれたときには兄神に頼み、時化にあったときには弟神に頼むと助けてくれるともいう。

日高静内にシャチの鰭を家紋にしている家があり、それについてつぎのようにいい伝えている。

昔釧路の方のシショロペッというところにいた三人の兄弟が、丸木舟を曳いて氷を渡り遙か沖合に漁に出た。そのとき、一緒にいったモチョロペッというところの酋長が、東風が吹き出したので東風の悪口をいったので、突如として海が荒れはじめ大時化になったが、大きなシャチがあらわれて三人の乗った舟を曳いて走り、背鰭の陰で舟をかばってくれた。大きな氷塊が近づいたが兄が先祖からの神の言葉を使うと氷が砕け、つぎの大きな氷が近よると、つぎの弟が神の言葉でそれをくずした。こうして二日も三日も流されてやっとサラペッというところに着き、そこで兄弟は自分たちの見たシャチの鰭を、それぞれの家紋にした。

シャチは寒中に仔を生むといわれ、寒中に吹きすさぶ六日間の吹雪をレプンカムイ・ポ・カ・ウシ・ペ（シャチ神の仔の上のもの）ともいっている。仔の生れるのを人に見られたくないから吹雪でかくすのであるという。

クジラ

奮部（礼文島）、フンベの滝（十勝広尾町）、フンベシュマ（室蘭市・虻田町）など、フンベという地名が北海道の海岸各地に多い。フンベとはアイヌ語のフンペ（フンと音を出すものの意）で、クジラおよびその仲間のことである。これらの地名は、たいていは食糧庫のようなクジラが、流氷にはさまれたりして死んで寄りつくところか、クジラの形をした岩だの砂山に名付けられたものである。海浜で生活する人々にとって、この小山のような食糧が流れ寄るということは、大変な喜びであった。

太平洋岸の各地にはフンペ・シュマ（クジラ岩）、フンペ・サパ（クジラの頭）、オタ・フンペ（砂クジラ）などにまつわる伝説がいたるところにある。有珠と虻田の境にあるチャランケ・シュマ（談判岩）は、「有珠の酋長（オキクルミともいう）が見つけたクジラを、虻田の者（サマイクルともいう）が横取りしようとしたので談判になり、両方が争ったのをにがにがしく思った神様が、クジラの肉塊と一緒に、両方の酋長も石にしてしまった」というものであり、日高静内町春立にあるクジラ岩（フンペ・シュ

室蘭海岸のフンベシュマ

談判岩（有珠）

マ）にも、「三石と春立の境にクジラが漂着したので、春立の酋長が守神に祈願したところ東風が吹いて、三石方に持って行かれそうになったクジラを無事に取戻すことができた」といういい伝えがある。また室蘭のクジラ岩にまつわる物語は、「日高地方が不漁に見舞われたとき、日高の人々は室蘭の方が豊漁だときいて、食糧を求めにやって来た。すると、沖に大きなクジラが流れ寄っているのを見付け、海岸に火を焚いて近くに来るのを待っていたが、ついにクジラが寄ってこないで餓死してしまった。日高の人たちがクジラだと思ったのはこのクジラの形をした岩であった」というものである。

登別駅の裏の丘をフンペ・サパ（クジラ頭）と呼んでいるのは、つぎのような伝説によるものである。昔、オキナ（マッコウクジラ）という巨鯨がいて、海の魚ばかりか漁に出た人間をも呑み込んでしまうので、神々が心配して、六日六晩かかって刀をつくり、それをカワウソの神に持たせて退治に向わせた。ところがカワウソは世界の果まで行ってオキナと出逢ったが、大声をあげてどなり散らすだけで、一向に刀を抜いて切ろうとしない。その争いの声が物凄いので、どこへ行っても神々は逃げてしまい、助太刀をしようとしなかった。それを登別の神だけは逃げようともせず、「なぜ刀を抜いて切ろうとしないのだ」とカワウソに注意したので、カワウソははじめて刀を持っていることに気付き、刀を抜くなりオキナを真二つに切って、頭の分を登別の神にお礼に置いて行った。それが現在フンペ・サパと呼ばれる丘になったのだと。

また日高の沙流川の上流のオパケヌンペという三角山は、「昔、文化神オキクルミが海からクジラを獲って来て、ヨモギの串にさして焼いていたら串が折れて飛び、その頭が山になった」ものであるといい、オキクルミがびっくりして尻餅をついたところがオソンルオマコッ（尻のある沢）という沢になったのだといわれている。

日高の三石や様似《さまに》、それに十勝清水にも同じような物語が残っている。ここでは「オキクルミが、寄りクジラをヨモギの串にさして、焚火で焼いて食べようとすると、油が流れて火がつき、串が燃えてクジラがどたりと倒れた。オキクルミはびっくりして尻餅をついたが、その跡が凹んでオソロコッ（尻沢）になり。焼串《イマニツ》が折れて岩になった」としている。

オタフンペ（砂クジラ）の伝説も多い。胆振穂別川に伝わるのは「シャチに追われて逃げ場を失ったクジラが、陸にのしあがって丘になり、追って来たシャチも小山になった」というものであり、日高の様似、十勝の厚内、オホーツク海岸の斜里ウトロのものは、いずれも「砦に立籠っている強い敵をおびきよせるために、夜のうちに海岸に砂でクジラの形をつくり、それに海藻をかぶせて、ところどころに小魚を置いておいた。すると朝になってカラスが集って騒ぐので、敵が寄りクジラだと思って武器を持たずに砦から出て来たところを襲って全滅させた」というものである。

このほか山の上にクジラの骨があって、それは津波によって押しあげられたのであるという話が十勝の広尾町や池田町にある。またフンベオマナイ（クジラの入る川）とか、フンベヤンケナイ（クジラをあげた川）などという地名もあるように、クジラはもっぱら死んで漂着するのを待ち、外洋に出かけて自主的に攻撃を加えて捕獲するということはなかった。しかし内浦湾のような陸地に囲まれたところでは、毒槍を使って湾内に入って来たクジラを獲ることがあった。この毒槍は二メートル以上の太いネマガリダケの先を尖らせて穂先にし、この筒状の穂先にトリカブトの毒やヤタマキナ（和名不明）という毒草、孫太郎虫のような毒虫、さらにカラスや狐やサバなどの胆汁を混ぜて入れたものである。この毒槍でクジラの脂肪層を貫いて肉質部に達するまで突き刺し、あとはそのままにしておく。そのうち毒が効いてクジラが斃れ、どこかの岸に寄り付くと、毒槍《スルクオプ》に刻まれている家紋によって、毒槍をクジラに打ち込んだ人が誰であるかがわかるのでその村《コタン》に知らされ、拾った方と毒槍を打ち込んだ方で肉を分けあったのである。

またクジラ銛《フンペキテ》という毒銛を使う場合もある。これを打ち込んだ場合には、銛についた縄を引いてクジラがのがれようとするので、陸の村々に向って合図をすると、それを見た村々から銛をもった舟が集り、必死にのがれようとするクジラに各々の銛を打ち込む。人々は守神に助力を求める祈りをしながら、湾内を二日でも三日でも引きまわされるが、やがてクジラの弱ったところに近よって、矢槍《アイオプ》という毒を塗った槍を打ち込んで仕止めるのである。このクジラ銛《フンペキテ》というのは意外に小形のもので、尾部が尖っている（魚族の場合は肉の繊維が柔らかいので、肉が切れないように銛の尾部を大きく広くする）。

こうしてクジラを斃すか、寄りクジラがあると頭のところに木幣を立てて、海の神、四方の神々に祈願をしてから解体にかかる。

胆振や日高の海岸の村々にクジラ踊りというのがある。一人の人が寝ころんでいるところに、盲に扮した老婆が腰をまげ、杖をつきながら出て来て、あたりをさぐりさぐり寝ている人に近寄る。する

クジラ踊り

とあたりにひかえている人々が、「フンペ ヤンナ プンポエー（クジラがあがった音がする）」とうたい、また、

浜の方で 音がする
目の見える連中よ 音がする
行ってごらんよ 音がする
海藻だかクジラだか 音がする
ころがっているよ 音がする

とうたいながら老婆のあとにつづく。そして人々が先に行こうとすると、老婆が「先に行くな、後から来い」と押えたり、「腹肉もらうよ」とか「のど肉もらうよ」とはやしたて、寝ている人をくすぐったり、胴上げしたりしながら、「オノンノ（いいな）オノンノ（いいな）」という。この浜にクジラが寄って来て、皆が喜びおどるようにと願う呪術劇である。盲の老婆がでてくるのは、昔は寄りクジラを

見付けた場合、目の見える人も見えないふりをして、自分で独りじめせず村中に知らせて、一緒に分配するものであったことを物語っている。それをしないで独りで慾張ると早死にするともいわれた。

この他にも、

クジラの頭を私が射た
荷縄をのばして
背負う用意をした

とか、「海辺に大きなクジラがあがった。長く浜にそって、鰭を動かしている」などという歌もある。

胆振の虻田ではクジラの肉を分けた晩に、家の上座の方に一人の男がうつぶせに寝て、それを両側に坐った女たちが両手で軽く叩きながら歌《ウポポ》をうたう。男が手や足を動かしはじめると「クジラが生き返った」といって、頭に木幣をつけてその男を担ぎあげ、海岸に持って行って海に戻す所作をする。これは熊送りと同じように、復活してまたクジラになって来てもらうよう、海に送り帰す魂送りの名残りである。

オホーツク海岸では春にニシンが群来る頃になると、それを追うクジラが陸の近くまで来て、汐を吹く音がやかましく、夜ねむれないほどだったといい、流氷に押されて生きたまま陸にあがることもあったという。松田伝十郎の『北夷談』という著書に、千島のエトロフ島では「寄鯨を以て産物とす、年々場所中にては五本八本、又は十本と寄る事……」があったと記されているほど、北洋ではクジラが豊かであった。

クジラはナガスクジラ、マッコウクジラ、イワシクジラなど、それぞれ区別して呼んでいるが、地方によって一定していない。ただ食べると下痢をするクジラをオキキリフンペと呼んで、これを見分けるのにはクジラの油を指の先につけて髪の毛をしごいてみたという。もしキリキリという音がしたら下痢クジラだから食べてはいけないというものである。クジラの油はトドやアザラシの油と同じように、ご飯に入れて油飯にして用いた。

クジラの背筋は一ヶ月ほど沼につけておいて、それを乾し堅くなったのを槌で叩いて細く裂き、それを弓の弦などに用いた。これはツルウメモドキなどの植物繊維のように濡れたり乾いたりするたびに伸び縮みすることがないので、とくに仕掛弓の弦にするのに大変よいものであった。

ラッコ

一般にアドイ・エサマン（海のカワウソ）と呼んでいるが、知里辞典によれば昔は性別や成長の段階によって色々と呼び名があったらしいということである。

一般にこの海獣の肉を食べると性欲を刺激されると信じられ、それについての話が各地に伝承されている。

昔、北見地方の有名な大酋長イクレスエ親方《ニシパ》が狩りに出て、釧路部落《コタン》でラッコを獲ったところに出会った。ラッコの肉を煮るときになると釧路人は、一人の娘とイクレスエ親方《ニシパ》とだけを残して皆外に出てしまった。ラッコの肉を煮るときには必ず男と女と同じ数だけ部屋にいないと、ラッコの煮える臭いで欲情が刺激されて、独りでいては気絶し、そのままにしておくと死んでしまうというい伝えがあるが、大酋長としての面目にこだわったイクレスエは、歯を食いしばってそれを耐えぬいた。ところがあとになって、娘をそのままにしておいたことに対して釧路方から抗議《チヤランケ》を受け、イクレスエは大いに謝罪したという。

これと一連の話は石狩川や天塩川筋にもあり、欲情によって気絶する状態をオニシテという言葉で表現し、たんなるオイプニという状態と区別している。俗にいう「色癲癇」のことである。ラッコ自身も相手の牝か牡が人間に獲られると、孤独になった方も欲情のために死ぬものだといわれているので、そのことからこんないい伝えが生れたのかとも思われるが、実際にはどんな理由によるものか知らない。しかしこれを話してくれた古老たちはいずれも真剣そのものであった。

また「石狩の浜に金のラッコがいて、それを獲ったものに石狩の酋長が妹をやろうというので、各地の偉い酋長たちが出かけて行くが、皆金のラッコの為に引き裂かれ、最後に小内陸人がそれを退治する」という詞曲は有名である。

カメ

アドイコロ・カムイ（海を支配する神）とかアドイコロ・エカシ（海を支配する長老）などとも呼ぶ

が、一般にはエチンケとかヘチンケと呼ばれている。知里辞典によるとエチンケとはエチネケの訛りで、「頭が陰茎のようなもの」の意かもしれないとある。エチンケ・フンベと呼ぶところもあるし、さらにアオウミガメをクンネ・エチンケ（黒亀）、アカウミガメをフレ・エチンケ（赤亀）とか、甲羅が岩のように固いのでシラル・エチンケ（岩亀）ともいった。

この海を支配する神は「この島を創造した国造神の奥方が天上に帰るとき、自分の下着を海に投げたのが生物になった」とか、「部落《コタン》の守神であるシマフクロウがニレの木の枝に止ったら枝が折れて、それがカメになった」とか、また文化神サマイクル神《カムイ》の妹の掘ったウバユリの一つが、川で洗っているうちに流れて海に入ったものである」などといわれ、神話とのつながりが深い。また海の獲物の中では最も大事にされるものである。日高静内に意味は明らかでないが、エチンケ・ウポポ（カメの歌）というのがある。

moyo utarap cyo hosari
hosari hecinke cyo hunkote

カメについて話のきけるのは多く胆振、日高の太平洋岸で、漁期は七月末から九月はじめにかけてである。銛《キテ》で突いて獲るのであるが、日高浦河には他の海獣の場合にはうたわない、これとマンボウを舟で追いかけるときだけの舟漕ぎ歌がある。

ha sitchoi sa
ha sitchoi sa
ku kor ku utara
ha sitchoi sa
hechinke kamui
ha sitchoi sa
chi tukan
yatto chip an
a sitchoi sa
ha sitchoi sa
yatto sichari an

この舟漕ぎ歌をうたいながらカメに追い着いて銛をうつ。銛はアオウミガメであると甲羅の上からでもささるが、アカウミガメの場合は甲羅が堅いので首を狙って突くのである。また海底に沈んで容易にあがらないことがあるが、そんなときはレプン・エカシとか、エチンケ・トノというカメの頭《かしら》に、

沖の長老よ、われわれは悪戯でこんなおそろしい沖まで来ているわけではない、自分たちの生活

カメの頭

のために来ているのだ。このカメを獲っても、決して粗末になんかしないから、どうか機嫌をとってあげてよこして
　　下さい。

と頼んだり、カメに向かって「昔、カメとフクロウが夫婦になり、その間に生れた子供の半分を山に、半分を海に分けて生物をつくったという話がある。舟にあがってその話をききたくはないか」というと、素直にあがるともいう。

　獲ったカメは大きくて舟に入らないから、舟の外で解体して帰る。内浦湾の八雲ではアカウミガメを獲って帰るときには、舟に水が入っていなくとも、水を汲み出すアカクミ（アカは元来アイヌ語のワッカで水のこと）で六回水を汲み出す真似をする。これによって陸にいる人たちにもカメを獲ったことがわかるので、カメを迎える用意をしたのである。陸にあげると真水を汲んで来て、カメの口に六杯ついでやる。もしアオウミガメを獲ったときは、舟から水を汲みだす真似も、陸にあがってからの水も倍の十二回やる。またカメやイルカを獲ると、お礼にその舟の舳先に獲物の血をつける。

　解体されたカメの頭や肉は家の神窓から入れ、八雲ではイルカと同じように首のところの脂肪肉をチヌヌカプ（われわれの大事にするもの）といって、そこを六片切って家の中の火の神に供えた。日高静内ではカメを獲ったときこれを直ぐに切って港の神にお礼にささげ、それからアカクミで舟の中の水を三回汲む真似をして陸に知らせた。

アオウミガメの甲羅や鰭《マドンキ》は細かく刻んで煮て食べるが、アカウミガメのものは肉のついたまま乾しておいて、肉をむしって食べたという。

頭の骨は欠木幣で大切に包んで浜の祭壇《ビシュン・ヌサ》に納めた。こうすると海に帰って、再び生れ返って遊びに来ると信じられていたのである。また酋長の守神としてしまっておき、雨が降ってほしいときに川の中に棚をつくった上にあげて、「ここまで水を呼ばないと、いつまでもそのままにしておくよ」と難題を押しつけたり、火事のときに「お前の水をかけて火事を消しな」とたのんだりもした。

海族篇

貝類・甲殻類・他を含む

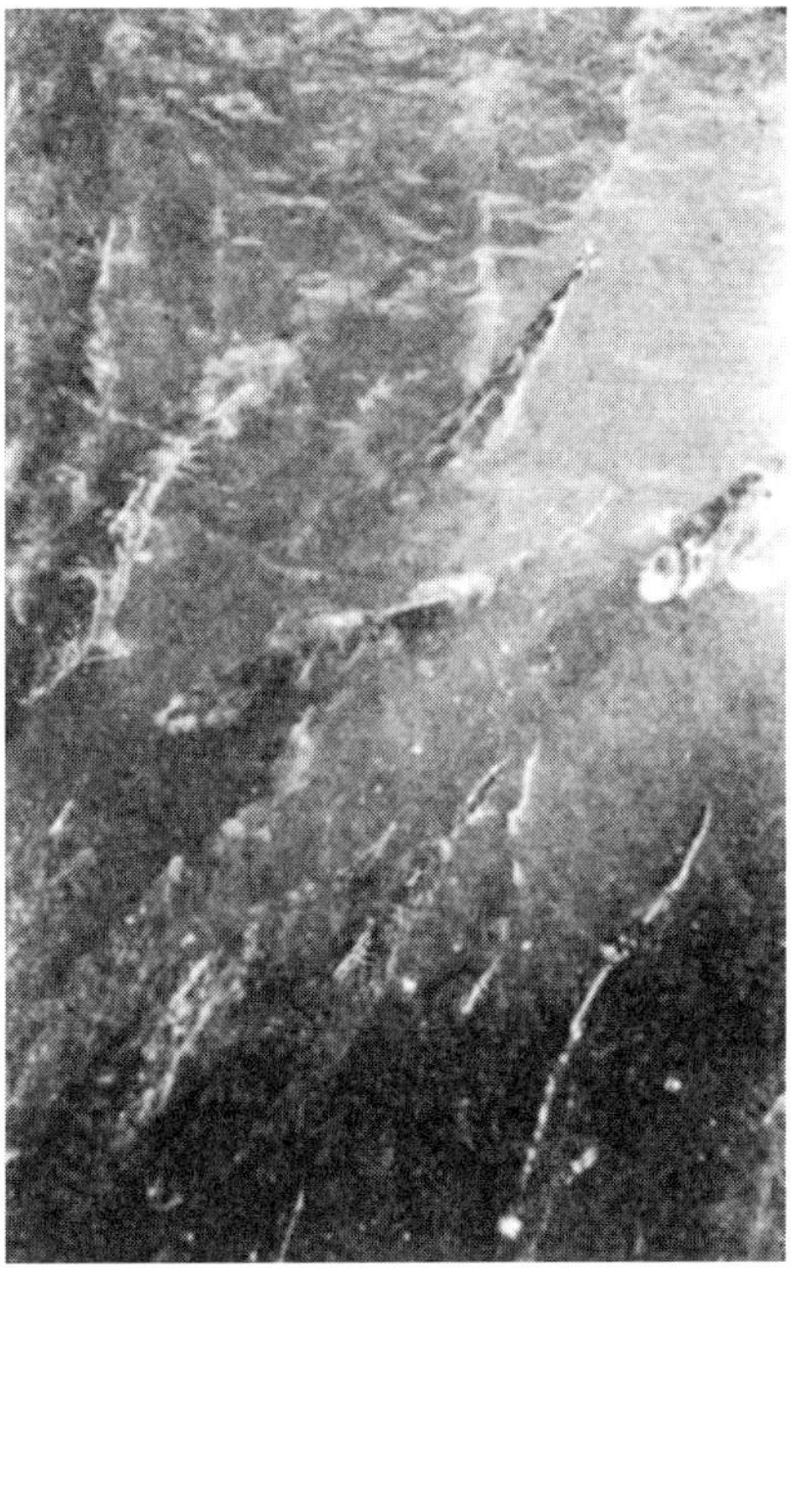

川漁

魚のことをコタンでは例外なしにチェプと呼んでいる。われわれの食べるものの意で、われわれの主食ということである。

コタンの人々は、川が山から海に来るものではなく、海から山に行っているものであると考えていた。これは、川というものが獲物を求めて山に行く狩人の道であったからばかりでなく、海から水源に向かって子孫の生命を生みつけるために、主食の一つであるマスやサケが、鬗地に溯って行く道だからであり、一度のぼった魚が再びこの道を通って海に帰ることはないからである。この魚たちの道であり、新しい生命の生まれる産卵場が、人間のコタンの形成されるところであり、同じくサケやマスをこよない食糧とする神々である、シマフクロウや狐などの集まるところでもあったのである。

サケ

サケは川でとれる魚族の中で最も重要なものであったので、シペ（シ・イペで本当の食糧の意）とか、シ・チェプ（本当の魚）、カムイ・チェプ（神の魚）、シペ・カムイ（サケ神）などと、大事な食糧としての名で呼ばれている。北海道の各地に伝わる月の説話の中につぎのようなものがある。

昔、なまけ者の娘がいて、母親が水汲みをいいつけると腹をたて、小刀で炉縁に傷をつけて、「お前は年中仕事もしないで背中あぶりばかりしていていいな」といいながら手桶をもって外に出ていった。外に出るとこんどは家の柱に手桶を打ちつけて、「お前も柱だから何も仕事をしないで、毎日手をつないで家の回りをまわってばかりいていいな」と悪態をつき、ブリブリいって川に行った。ところがそれきり戻って来ないので、母親が心配して川に行ってみると、川原の砂の上に娘の履物だけがあって、どこにも姿が見えない。そこで母親が川を伝って川下に探しに行くと、赤腹ウグイの群ののぼってくるのに出会った。母親はウグイに娘の行方を知らないかとたずねたが「あの娘《こ》はいつも俺たちのことを、骨だらけ骨だらけと悪口をいっていたから、どこへ行ったか知っているけど教えない」といって通りすぎてしまった。仕方なく母親はまた川下に行くと、こんどはイトウの群がのぼって来た。イトウにたずねると「お前たちは私たちをとっても、肉がまずいといって木の枝にひっかけたりして粗末にするから教えない」といった。母親が困っているところにマスの群がやって来たが、これも「お前たちは、俺たちが川に入った頃には大事にするが、少し老魚《ホッチャレ》になると粗末にして投げるから教えてやるもんか」というので、途方にくれた母親は困り果てていると、そこへサケがのぼって来た。サケは「お前たちは私たちを大事にしてカムイ・チェプ（神魚）といって、骨まで粗末にしないから教えてあげるが、娘は水汲みにいって〝お月さんいいな、何もしないで黙っていればいいが、私は家にいると何だかんだって使われてつまんない〟といってお月さんを見ていた。それでお月さんがなまけ者のみせしめに、月の中に連れて行ったのだ」といった。それを聞いた母親が泣く泣く月を見ると、手桶をもった娘の姿が月の中に見えた。

この伝承は、サケが他の魚にくらべて、いかに大事にされたかを物語っている。

サケの位置

それほど重要な食糧であり、神魚であるサケではあるが、他の動物のようにそれ自身の中に神が存在するのではない。山で獲れる獲物の代表である鹿が獲物を支配する神の袋の中に入っているように、サケもチェプ・アッテ・カムイ（魚を支配する神）とか、チェプ・ランケ・カムイ（魚をおろす神）の握っている袋の中にある。だからこの神に対して人間が不敬を仕出かしたりして機嫌をそこねると、袋の口がひらかれず、人間界は飢餓に見舞われることになる。

昔は、豊かな鹿やサケは太陽や水や空気のように、当然存在するものと考えていたようで、それを粗末にしたりすると神の逆鱗にふれるが、普通神様の機嫌のいいときには、島のかみて（知床の方）の海上に神様が袋の中の魚の骨をばらまくと、それがみるみるサケの姿になって、人々の住む村々のある川をのぼって来るのであると思われていたようである。

アパイ　ソー　カタ　（海の面に）

ホー　ラム　ラム　（ほー　鱗が）
ホー　ランナ　（ほー　おりるよ）

この一見何の意味か通じにくい歌詞は、昔の人々が海面に照り映える日光の金波銀波を見て、魚持神の袋に入っている魚の骨や鱗が、海の上にばらまかれた光景であると感嘆し、口をついて出た言葉のように思われる。

昔、サケが川面にあふれ盛りあがって溯河する様子を神謡は、

川に目を移せば、川面の魚は天日に焦げ、川底の魚は小砂に腹をこすり、男たちはその魚を求めて駆《はし》り、女たちは短い荷縄をすて、長い荷縄をとりあって、それで魚を背負って去って行く

などと描写して伝えている。

サケのことをカムイ・チェプ（神魚）と呼ぶことは先にも述べたが、神魚というのはサケだけではなく、太平洋岸ではシシャモのことも神魚と呼び、日本海岸ではニシンのことも神魚という。また十勝川筋ではチョウザメのことを、阿寒湖ではヒメマスをやはり神魚といって、それぞれの地方で最も大事な魚を神魚と呼んだようである。

サケの場合でも神魚と呼ぶのは、地方によって多少差異がある。一般にはサケの尊称として用いられているが、釧路川筋では最初に川を溯ってきたものをこの名で呼んでいるし、サケの鼻先が阿寒岳の方に向かって、左に曲っているものを特別にこの名で呼ぶところもある。また千歳では最初のサケをカムイ・コヤン・チェプ（神に向かってのぼるサケ）とか、カムイ・コエㇰ・チェプ（神に向かって

来るサケ）などとも呼んでいる。これによると神魚という意味は、神の魚という意味が強いように思う。神に向かってのぼる、あるいは神に向かって来るということは、最初に川に入ったサケは、川の水源の守神である狐神に送られたものであり、その次に入ったのは家の守神の火の神に送られるものだからである。それで人間が最初にとったサケは、先ず火の神に捧げて感謝し、それから部落中（または一族中）に分配した。これをアシリ・チェプ・ノミ（新しい魚の祈願）といった。

サケ迎え祭（日高静内）

サケ迎え祭

サケが自由にとれなくなってからは、当然廃止になってしまったが、昔は神が送ってくれた魚を迎える、サケ迎えの祭が各部落《コタン》で盛大に行なわれた。海岸では川口に沖の神々を祀る祭壇をつくり、川筋では川の神々を祀る祭壇に数十本、数百本の木幣を削り立て、四方の岬や山々、舟着場の神、狐神や魚を送ってくれた神々の名を呼び、うたい踊って本当のサケ迎えの祭を行なったのである。

そしてサケの溯る季節になると、舟に汚いものを積んでくだるとか、川のよごれるようなことはいっさい禁じられ、ひたすら神の贈りものを迎える用意をする。

「川波　キラキラ」という繰り返しのある、サケの主《ぬし》が物語ったという神謡がある。大要はつぎの通りである。

私〔サケの主〕は人間の村《コタン》が見たかったので、沙流《さる》川をさかのぼって人間の村へ遊びに行くことにした。私は仲間と一緒に喜び勇んで出かけ、沙流川の川口に達したが、銀の柄杓、金の柄杓で水の味をあじわってみると、どうも水の味がよくない。そこで、そこを通りすぎて新冠《にいかつぷ》の川口に来て味を調べてみると、こっちの味はよかったので、仲間たちと真直ぐに新冠川を走りのぼって行った。すると、よい人々が回転銛《マレツキ》を持って待ちかまえていて、私たち仲間を突いてはあげ、新しいヤナギで作った美しい頭叩棒《イサパキクニ》で私たちの頭を叩くので、それでとられた私たちの仲間は神になることができた。ところがなおも川をのぼって行くと、若者たちが鎌で私たち仲間をひっかけて陸にあげ、鎌で頭を叩いたので、それから私たちは新冠川にあまりのぼらなくなったのだ。

この神謡はサケ漁のときの心構えを伝えたものである。サケを突いてとるときには、鎌（鎌は魔除けに使うもので、神には使ってはいけない）や川の石や腐った木などで頭を叩くものではなく、必ず手頃のヤナギかミズキの棒の一方の皮を剝ぎ木幣と同じ削りかけをつけて、それで頭を叩かなければならない。多くは握る方の皮をのこし、魚の頭を叩く方の皮をとるが、逆に握る方の皮をとるところも

屈斜路（上）と近文（下）の頭叩棒（イサパキクニ）

ある。もし腐った木や石で頭を叩かれると、魚はくやし泣きに泣きながら、魚を支配する魚持神《チエパツテカムイ》のところに帰るので、神は怒って魚をおろさなくなる。そのため村が飢餓に襲われ、色々の神にあやまってもらって、やっとまた魚をおろしてもらうようになったという神謡もある。

神に対する不敬な行為によるばかりでなく、東風の魔物の悪戯のためや、川の咽喉つまり（川口が砂でふさがること）のためにサケが入らないこともある。八雲で見た「東風追い」という呪術劇は、東風が吹きつづくと海が荒れてサケが溯河しなくなるといって、ボロを着た男が東風の魔になり沖からやって来るのを、魔物を追い払う力があるといわれているイケマの根をヨモギの茎にさし、あるいはヨモギの枝で追い払いこらしめ、謝罪させるというものであった。

サケの呼び名

このように色々な手続きがあって川にのぼるサケは、ただシペ（本当の食糧）とかカムイ・チェプ（神魚）と呼ばれるだけではなく、チュク・イペ（秋の食糧）とか、チュク・チュプ（秋の魚）といったり、冬になってから遅く川に入るのをマタ・チェプ（冬魚）、またはメオルン・チェプ（寒さに向かって入る魚）などと特別な呼び方をするところもある。

また海にいる銀色の、いわゆる白毛のものを、エルイペ（光る食糧）とかヘレルケ・チェプ（光る魚）、またはヘルラム（光る鱗）、アドイオルン・チェプ（海にいる魚）などと呼び、川に入って保護色のブナ毛になったものをペトルン・チェプ（川の中にいる魚）、ペウレ・チェプ（若い魚）、ペウレプ

（若いもの）、アシッ・チェプ・カムイ（新しい魚の神）、ペテチ・チェプ（川でこげた魚）など様々に呼んでいる。とくに一番先に川に入ったものを、ペッ・ノンカㇼ（川を視察する）と呼んだり、すでに産卵場で産卵に入ったものをイチャン・チェプ（産卵場の魚）といい、さらに雄のことをイクㇱペ・ドイェプ（柱を切る者の意で、知里博士によれば、昔、男性は家を建てて家庭を持つとき、山で家材を伐る仕事を受け持ったからであるという）、雌のことをモセ・カラペ（草を刈る者の意で、男性が家材を伐るのに対し、女性は草を刈りあつめて、壁や屋根の材料を調達する仕事を受け持っていたからである）と呼んで区別した。

川に入ったサケ（ブナケ）の雄（上）と雌（下）

一般に北海道では産卵の終わった老魚のことをホッチャレといっている。アイヌ語のホ・チャㇼで、尻からばらまくの意かともいわれているが、日本語らしいという説もある。アイヌ語ではこれをオ・キライ（尻が櫛〈になる〉の意）といったり、オイシル・チェプ（尻をものがこすった魚）、イシㇼ・チェプ（ものがこすった魚）といったり、とくにすっかり産卵が終わって卵のなくなった雌魚を、チポロ・サㇰ（卵なし）、雄のホッチャレをウㇷ゚・サㇰ（白子なし）などと呼ぶところもある。これに対してまだ卵の一杯入っているのを、チポロ・チェプ（卵魚）と呼んだりもする。

孵化したばかりの、腹に赤い筋子の袋をつけたものを、シペ・ラㇺと呼んでいる。ラㇺは元来鱗のことであるが、マスの稚魚もイチャヌイ・ラㇺと呼んで、稚魚の意味に用いられている。魚持神が袋の中から鱗や骨をばらまくと魚になるという、神謡の物語が投影している名称かもしれない。ところによっては稚魚をオチポロコㇽ（尻に卵を持つ）とも、パッカイ・チェッポ（子供を背負う小魚）などともいう。

また雌と雄とを区別して、イクㇱペ・ドイェプ（柱を伐る者）とモセ・カラペ（草を刈る者）の他に、雄をチァとかピンネ・イペ（雄魚）、メッカウシ（背中の張っている）などと呼び、雌をオシ、ㇹシ、フシ、あるいはマッネ・イペ（雌魚）、オマサメノコ（尻の開いた女）などと呼んだりする。

特殊なサケ

最初にとったサケを特別にカムイ・チェプ（神魚）と呼び、特別の取扱いをうける地方の多いことは最初にも触れたが、漁期中に特別大きいのが一尾くらいとれることがあると、これをシチャ（大雄魚）とかパセクル（重要な方）、またはカムイチェプ・サパネクル（神魚の王）などといって、釧路地方では咽喉の三角のところ（一番おいしいところで、フクロウなどはサケをとると、ここだけを食べて他を食べない）を切って火の神（火の中）にあげたり、下顎骨に欠木幣《チメシュ・イナウ》を付けて家の中の祭壇に飾っておき、冬に熊送りをするときに一緒に送ったりした。

日高の東部地方では、大きいサケに対しては特別のことはしないが、逆に、三十センチほどの小さいのには欠木幣をつけてとっておき、ナイウコㇽ・チェプ（木幣をもつ魚）といって、漁期が終わってから家内中で食べ祝って送るところもある。

また阿寒地方のように、阿寒の山の方に向かって下顎の曲っているか、もしくは川上に向かって東の方（島のかみて）に下顎の曲っている魚を特別に、熊送りのとき神のお土産として持たせるところもある。十勝清水ではこうした特別のものだけではなしに、サケがとれはじめると家の中の祭壇に、新しい木幣《イナウ》をつくって縄のようにしておいて、食べたサケの上顎の歯のついた骨をかけておき、漁期が終わったあとで酒をつくり、全部の歯にその酒をつけて川に持って行き「来年また沢山来ておくれ」といって川に流した。流された骨は魚持神のところに戻り、来年また魚持神の手元から新しい魚体になり、戻って来るというもので、これが最も古い素朴なサケ送りの儀式だったように思われる。

漁占い

釧路地方では茨イチゴのことをシペ・フレプ（サケイチゴ）と呼び、このイチゴが赤くなるとサケが川に入るといって漁の目安にし、十勝ではヤチハギ（ホザキシモツケ）の花が散りかかるとサケが溯りはじめるといわれた。また初夏の頃雲が舞い降りたかのように、エゾノコリンゴの花が沢山咲くとサケが豊漁だと瞳をかがやかせ、エゾノウワミズザクラの実が沢山なるとやはり豊漁だと喜ぶ地方もある。石狩川流域では、天上の天の川を石狩川が夜空に写った姿であると見て、その様子によって豊漁、不漁を占ったりもし、天の石狩川に江別川の合流するあたりが暗いと、千歳川や夕張川が不漁だというのであった。また十勝では、天の川がはっきりして、星が多く見えると豊漁で、少ないと不漁だともいう。さらに漁に出かける晩の豊漁、不漁は、オビラメやイトウの下顎骨や狐の下顎骨を頭にあげておとし、その託宣をたしかめたりもした。

漁法

川に溯ったサケをとるには、産卵場のあるところに小屋をつくり、月の光をたよりに回転銛《マレツキ》で突いてとったり、闇夜のときは流し鈎といって、さわり糸をつけた鈎を産卵場の川上から流し、さわり糸にサケの胸鰭のさわった瞬間に鈎を引く。これは相当に熟練を要する漁法で、さわった感触によって雌か雄かを判断して、雄だけを選んで引っかけなければならない。雌を残しておくとまた別の雄が鰭を動かしながら愛情を求めて近寄ってくるので、一ヶ所にいていくらでもつぎからつぎにあげることができたからである。

冬の夜空にW字にかかるカシオペア星座を、ヤーシ星と呼んでいる。二艘の丸木舟で袋網を曳くヤーシという漁法の形に似ているからである。人間が川の中をジャブジャブ歩いて、二人で袋網を曳き、産卵しているサケをすくいとるワワウシ・ヤーシ（水をこぐ引網）という方法もあったし、普通の網を流してもとれた。この場合には夕方スバル星座よりも先に出るチコヤウシ（われわれと一緒に網をのばす）という星の見えたときと、明方暁の明星の出たときに魚が活動しはじめるからそのときに流し網をし、溯河するサケをとった。

また川を堰止めて上流に溯ろうとする魚を、台の上にいて三角形の網ですくいあげたり、堰止めた

ヤーシ漁

テシ漁

一方を開けて急流にし、そこを泳ぎのぼった魚が疲れて堰止めた方のよどみで一休みすると、水におされて止めの下に仕掛けてある籠の中に落ち込むという、テシ（簗）漁の方法もある。また一度川に溯った魚が、雨で増水すると川をくだる習性があるので、川を両方から川下に向けて八字形に堰止め、真中のあいた口のところに袋網を置いて、川をくだる魚を掬いあげるウライ漁という方法もあった。冬の夜空に見える牡牛座の赤く光るアルデパランを、簗の番人《ウライチヤシクル》と呼んで、天の川の簗番がとった魚を皆天神に持って行かれるので、腹をたてて赤く怒っているのだという。

北見小清水の浦士別はウライウㇱ・ペッ（ウライの多い川）であり天塩川はテシオマ・ペッ（簗のある川）だったという。

これらの漁網はイラクサや、ツルウメモドキの皮の繊維を縒り合わせたものでつくった。

旧暦十一月のことをスネアンチュプ（松明をつける月）と呼んでいる。この頃になるともう新しく川を溯るサケもなくなるので、松明《たいまつ》漁を行なうからである。松明漁というのは、ハシドイの枯木を割って束ねたのにカバ皮をはさんだ松明をつくり、それを少し気分ののんびりした者に持たせ（あまり機敏な者が持つと魚の方が敏捷に動いて突きにくい）、回転銛《マレッキ》で突くというものである。もし松明持ちをする人が敏捷な人の場合には、その人の鼻の頭に炭をつけるとよいといって、顔を汚されたりした。カバ皮だけの松明を舟の舳先に立てて、艫の者が舟を漕ぎ、真中のものが回転銛で突くという方法もあった。この松明漁は、サケがまだ海からさかんに溯る早い季節には、溯ってくるサケをおどかすことになるからやらない。

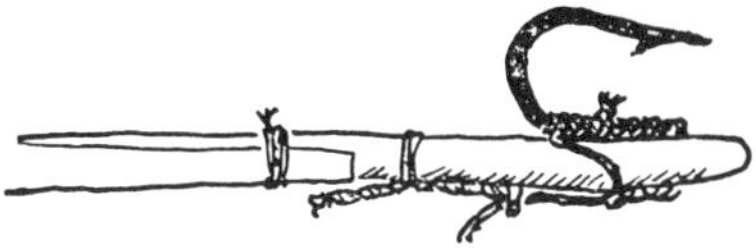

上／回転銛（マレッキ）による漁

左／回転銛

サケの物語

昔の生活と重大なかかわりあいがあったから、サケに関する物語は無数といってよいほどあった。パナンペ・ウェペケレ（川下者の物語）という散文物語の中にもよくサケが登場してくる。この物語は必ず「川下の者《パナンペ》がいた《アン》、川上の者《ペナンペ》がいた《アン》」という言葉ではじまるもので、本州の「よいお爺さんと悪いお爺さん」と同じ形式のものである。

パナンペがいた。ペナンペがいた。

パナンペが毎日川に行って、氷に穴を穿けて、そこへまらを入れていると、その廻りに雑魚が集まった。パナンペは家へ美味しい雑魚を、どっさり背負って来ると、パナンペの妻は、大へん喜んで、毎日二人で雑魚を煮もし、焼きもして、楽しく暮していた。それをうらやんでペナンペが真似をし、氷にまらをはさまれて、あわてたペナンペの妻がマサカリで氷を割ろうとして、あやまってペナンペの大事なまらを切ってしまって、つまらない暮しをするようになった。（金田一・知里両博士訳『アイヌ民譚集』）

胆振の虻田に伝承されているものは「川上にいる兄のペナンペは意地悪だった。クマを獲りに行くのでも川上にいるので、ひとり先に行ってしまう。そのため川下から行く弟のパナンペはいつもよい獲物があたらなかった。ある日弟のパナンペが兄のペナンペの水汲場に行ってみると、神魚（サケ）がいたので、陽物《チヘ》を勃起《ラッキ》させてみせたら、神魚がパナンペのあとについてきて、それから弟のところでは沢山おいしいサケがとれるようになった。兄が水汲場に行ってみると神魚がいなくなっているので、弟の仕業だと思って弟のところに行ってみると、思った通り弟の水汲場に神魚がいたので、〝どうして俺のところの神魚をとったのだ〟となじると〝俺はとったおぼえはないよ、たぶん神様がさずけてくれたんだべ〟といったので、ペナンペも仕方なく帰っていった。それきり兄の方は魚がとれなくなって、貧乏なつまらないくらしになったと。」というものである。この二つの話とも陰茎が大事な役目をはたしている。それがどういう意味であるか不明であるが、神魚の漁との間に何かかかわりあいがあるようである。

調理法

サケは内臓をとって生のまま食べたり、フキの葉に包んで埋めた上で焚火をし、蒸し焼きにして食べたりするが、あまったものは乾燥させて貯蔵食糧として保存した。一般にサッ・チェプ（乾魚）と呼ぶものは腹を裂いて（背開きにする場合もある）頭や中骨をとり、ホザキシモツケなどの細い柴で皮の方に突張りをし（肉の方にすると突張棒に肉がついてそこだけ乾燥しにくくなる）、尾の方に紐を通して二尾ずつしばり、肉を外側にして家の天井に吊して乾したものである。これを三、四十尾分束ねて梁の上に揚げておき、食べるときは肉をむしって、魚油や海獣（アザラシ）の油などをつけて食べた。

内臓を出し頭をつけたままさげて乾したものがチナナ、三枚におろして中骨をとった肉の方をミ《ミム》ケルイ、中骨をモッタといった。

脂肪のある若いサケは頭も尾も除き、三枚におろして幅三センチくらいに縦に裂き、肉の方を表にして細い棒にかけて乾す。これの生乾きのとき三、四尾宛束ねて懸けておき、よく乾いたら皮の方をさっと火で焼いて食べたり、細長く切って湯煮して食べたりした。これをアタッといった。

老魚になった、いわゆるホッチャレは、頭も尾もつけたまま、二つ割りにして乾し、それを叩いてシカやマスの油をつけて食べた。これをドパ（頭を二つに割るので、頭二つの意）といった。

このほか、燻製にしたものをリヤ・チェプ（冬を越す魚）という。なお右に述べた、内臓をとり頭のあるまま乾したチナナは、和人の漁場で塩ザケを寒の水につけて、寒風の吹き通すところに置いて乾燥させ、寒塩引といったのに相当するかもしれない。

サケを凍らせたものを刺身にしたのを、現在一般にルイベと呼んでいる。しかしアイヌ語のルイ・イペとは凍った食糧ということではなく、とけた食糧ということである。昔は凍らせるということは食品の味に変化を与えるためではなくて、貯蔵するための方法であった。したがってそれは凍ったまま食べるのではなくて、凍らせて貯蔵しておいた魚を、大きいものは削って塩湯の中に入れてとかし、小さい魚（ウグイ、シシャモなど）なら焚火にあぶってとかして食べるものであったからである。あるところではアタツのように細く裂いて、十日ほど凍らせたものを串に刺し、皮の方を焼いて食べるところもあったという。アタツにしてもこのルイベにしても皮の方を焼くということは、皮と肉の間に寄生虫がいたり、食あたりをするからである。ルイベも油のなくなった老魚でつくることが多く、真水に二、三日つけて血出しをして、北側の寒いところに吊して凍らせるのである。

パリという氷頭《ひず》を薄く切ったものは塩をつけたりして生のまま食べる。心臓や、最近ではメフンといっているメフル（腎臓）も生食した。またチタタプ（われわれが刻み刻みしたもの）というのは、尾鰭やその他の鰭や鰓蓋を細かく刻んだ中に、肝臓の焼いたものや氷頭、鰓の軟骨、白子を入れてさらに刻み、それにエゾネギや塩を入れて味をつけたもので、酒の肴としては好適である。

昔、千歳やその他の部落《コタン》に野盗の群が押し寄せたとき、村人が目釘のゆるんだ山刀《タシロ》でチタタプをつくっている音をきき、野盗たちは人を喰うエペタム（人喰刀）が人を切りたくて、カッタラ、カッタラ音をたてているのだと思って、逃げてしまったという伝承がある。

食べたあとの魚の骨には欠木幣をつけて川に流した。

サケ皮の利用

サケは食糧として重要であるばかりでなく、その皮は衣料や履物の材料としても大切であった。とくに樺太《サハリン》アイヌの人たちは着物として多く用いた。着物をつくるにはサケの皮の鱗を内にして板に張り、三日くらい乾したものを束ねてとっておく。秋になってから筋子の乾したのを水にうるかして潰し、鱗のついているサケ皮の表の方にそれを塗って、三日ほど陰乾しにする。乾いたら二、三枚ずつ巻いて縛り、丸太の一ヶ所を凹ましたところにのせて槌で叩く。こうして柔らかくなったら、切れなくなった小刀で鱗をこそげおとし、これを縫い合わせて着物にするのである。子供の着物をつくるのでも三十枚くらい、大人のものだと五十枚を必要としたという。背鰭のところは鰭を切り取るために穴があくので、そこに{}形の、色のちがった別の皮をあてると、それが模様になる。位のある男の着物の裾にはアザラシの皮、偉い女の人の着物の袖口や襟や裾にはカワウソの皮などをつけたりした。

サケ皮の履物（チェプ・ケリ）

また樺太《サハリン》のトンコリという五弦琴の糸は、サケの筋（どこの筋かよくわからないが、それを叩いて細くしたもの）とイラクサの繊維を混ぜて縒り合わせた糸を使ったというし、生皮を噛んでいるとヌンペという膠になり、これを山狩りに使う半弓にサクラの皮を巻きつけて貼りつけるのに使った。

また冬の防寒用のケリという皮靴は、シカの脛皮か、そうでなければチェプ・ケリ（魚皮靴）といってサケ皮でつくった。これもどのサケの皮でもよいのではなく、川に入って産卵場について、背鰭の先が少し白くなりかけた雄魚の皮が用いられた。雌の皮は薄いし、雄でも海や川口でとれたものの皮は薄いので、ケリには使えない。そのため海岸居住者はケリの材料を手に入れるために、海のサケやアザラシの油をもって、川上の産卵場の近くのコタンに、物々交換に行かなければならなかった。

マス

昔のコタンに各月の名のあることを知らない無学な和人は、「ナナツバ（ハンゴンソウ）咲いてマスとって、アキアジとって雪降って」アイヌの一年だなどと戯歌をうたったものである。

マスの季節は五月末頃から九月頃まであって、もしこの季節にマスが川に入るのが少なければ、生活に大きな支障をきたしたので、ところによってサクラマスのことをサキペ（サク・イペで夏の食糧の意）と呼んだものである。

新緑の匂う初夏の頃は、川や海の幸の恵みが意外に少ない心細い季節である。だから昔の人たちは若葉の森の中にナナツバの花が、マスの溯河を知らせる烽火のように咲き出すのを、千秋の思いで待ちわびたのである。十勝ではアヤメの花をイチャニゥ・アパッポ（マスの花）と呼び、ウドの実が黒くなるとマスが小川に入るという。エゾイチゴのことをキモウレップ（山のイチゴ）というが、これを俗にマス・フレップとも呼ぶのも、やはりこれが色づくとマスがとれるからである。

カッコォのことをカッコン・カムイ（カッコォ神）といって、その神の歌が梢から高らかにきこえてくるのは、〝マスがどっかの川に入ったよ、よく探してごらん、村の川にいなくとも必ずどっかに入ったよ〟と歌をうたっているのだという。カッコォの啼く季節とマスの溯るのとが一緒だからであるが、だからコタンではカッコォはマスの来たことを知らせる神なのである。

樺太《サハリン》では七月のことをヘモイ・チュフ（ホンマスの月）と呼んだ。千島アイヌの月の名にもシイヌム・チュフというのがあり、やはりマスの川に溯る月の意であるという。

マス迎え祭

マスのとれる季節になると、秋のサケほど盛大ではないが、海岸では川口に、川筋では川岸に祭壇をつくって海の諸々の神、川口や舟付場の神、川の神々に祈願をして溯河を待つ。川に入ると背中に瘤のできる背張マスが最初にとれると、その背中の盛りあがった瘤のところを細かく切って、火の神に供えた。

マスの名称

海では銀色に光っているが、川に入ると鱗の光が黒灰色の燻色の保護色になり、体の側面が桜色になるのをサクラマスと呼び、アイヌ語ではサキペ（夏の食糧）とか、イチャニゥ（イチャン・イゥで産卵場のものの意）などと呼んでいる。さらに雄のことをフレ・チャ（赤い雄魚）といい、雌をホシと区別して呼ぶ場合もある。

背張マスは北海道でも東部と北部でしかとれないが、和名をセコブマスともラクダマスとも呼ばれるように、繁殖期になり川に入ると背中に瘤ができ、雄は鼻が彎曲してそれで近寄る仲間に威厳を示すようになる。アイヌ語ではエモイあるいはヘモイと呼んでいるが、背に瘤ができたのをトピリともいう。知里辞典によるとトピリとは元来背中の瘤のことであるという。

マスノスケとかオオスケ、クチグロマスあるいはフキマスと呼ばれる、サケよりも大きく、二メートル近くもあるマスの王というのが、一年に一尾くらい川にのぼることがある。意味はよくわからないが一般にケネウと呼ばれている。これをチャロ・クンネ（口黒）とか、カムイチェプ・パセクル（神魚の王）などとも呼んで、これがとれるとその下顎を刻んで火の神にあげるところもある。これがクチグロマスとかフキマスといわれるのは、昔、フキを生で食べると渋のため口の中が黒くなったので、この魚の口の中が黒いのもフキを食うからだとされていたからである。産卵もフキの多いところでするとか、天気のよい日は人間の女の姿をしてフキの生えているような湿地に上がり、シラミをとったり、子供を背負って話をしているなどというい伝えが各地にあり、つぎのような伝説もある。

シコツコタンの独り者の男が狩りに行ったら、行手の川岸に美しい女がいて、しきりにフキをとって食べていた。見たこともない女なのでそっと忍び寄って見ていると、気配をさとって女は身をおどらせて川にとび込み、大きなマスノスケの姿になって、川下に向かってしぶきをあげて逃げだした。男は逃すものかと藪をとび越えはね越え走って、魚を追い越して川にとび込み、急いで褌をはずして川の中に両足を開いて坐り込んだ。するとそこまで来たマスノスケは仕方なく陸にあがってまた女の姿になり、「私はマスノスケの独り娘だが、親のいいつけでフキをとりにきていたところあんたに見付かってしまった。そして褌をはずされてしまったので、もう魚の姿に戻ることができなくなったから、あんたの飯炊きにでもしてください」といった。男は娘を家に連れて帰り、家内にし子供も沢山に生まれた。そのためにシコツコタンの人たちは、よく熊にねらわれるのであると。

マスの漁法

マス漁はサケと同じように、川を堰止めて簗《テシ》をつくり、上流にのぼろうとして簗の下流を泳ぎまわっているのを、三角形の掬い網で掬いあげたり、長い袋網《ヤーブクル》をつくって二艘の舟でそれを曳いて掬いあげることもあり、岩の上にいてタモで急流をのぼるのを掬う場合もある。

この魚はサケよりも跳ねる力が強く、滝を跳ねあがることがあるので、滝の下手にブドウの蔓を張って、それにブドウ皮で編んだ籠や袋網をいくつもさげておき、滝をとび越えようとしてとびそこな

上／滝に仕かける袋網

下／簗（ラオマップ）

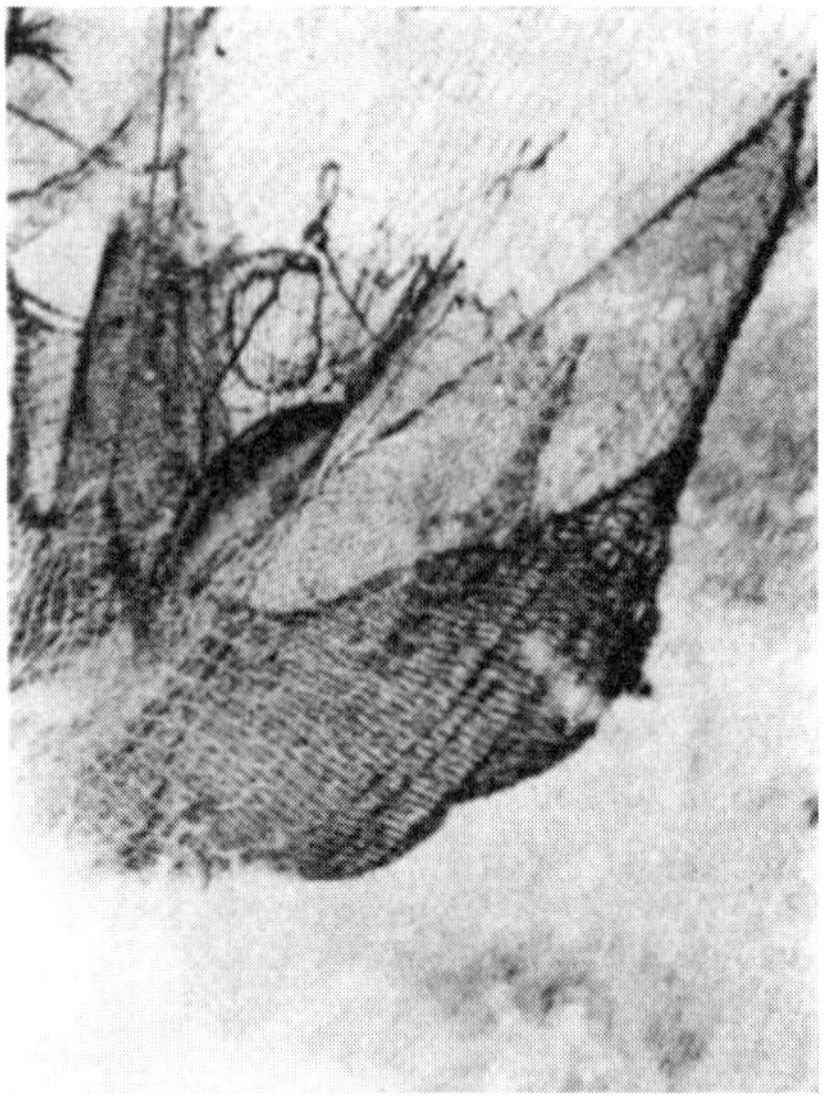

い、落ちてくるのを受けるようにしてもとった。

またヤナギの柴で編んだ筊《ラオマップ》を川の中に沈めておき、それに入ったのをとったりもしたが、やはり何といっても産卵場に集るのを回転銛《マレッキ》で突いてとるのが一番であろう。回転銛はサケのものとはぼ同じであるが、いくぶん小形である。

マスの調理

マスのとれる季節はハエがうるさいので、サケのように開いて乾燥するという貯蔵ができない。それで、一尾まま串に刺し、火力が通るように体側に斜に庖丁目を入れて焚火で焼き、それを火棚の上にあげてよく乾しあげて焼乾《チマチエプ》にした。その他生食ではサケと同じように、鰭や鰓蓋、氷頭《ひず》、メフン、白子などを生のまま細かく刻んだ中に、ギョウジャニンニクやエゾネギを一緒に刻み込んでチタタプ（われわれの刻み刻みしたもの）にした。水辺に棲む水禽のクイナは初夏の夜に「コーツ　コツ　コツ　コツ」と啼くが、それは昔この鳥が人間であったとき親不孝をして、マスがとれてもおいしいところは自分だけで、コツコツとチタタプにして食べたために、罰として今もチタタプをつくるような音を神様からあたえられたのだという昔話がある。

樺太《サハリン》ではサケと同じようにこの魚の皮を乾しておいて、チェプ・ウル（魚の着物）をつくったという。

マスと地名

サケとマスの産卵場のことを日本ではホリ場といっているが、アイヌ語ではイチャンという。深川市の一已《いっちゃん》は石狩川の中の産卵場の名であり、根室標津には伊茶仁《いちゃに》（イチャン・ウニで産卵場のあるところ）、オホーツク海岸の浜頓別と中頓別の境には一已内《いちゃんない》（イチャン・ウン・ナイで産卵場のある川）などという地名がある。同じ中頓別の兵安《へいあん》はもと兵知安《べいちゃん》といって、アイヌ語のペンケ・イチャン（川上にある産卵場）の訛ったものである。恵庭市の漁《いざり》という地名もイチャン・ウニの訛りで、これらはいずれもコタンの人々のよい漁場に名付けられたものである。

やはり全道的に多い熊牛《くまうし》、熊石、熊碓、クマウシュナイなどは、いずれも動物の熊や牛とは無関係で、クマとはアイヌ語で魚などをかけて乾す竿のこと、ウシはそれが沢山あるという意であり、サケやマスの豊漁の地に名付けたものである。また川の名に多い幌内《ぼろない》、幌別《ぼろべつ》などというのは、単に大きい川ということではなく、サケやマスのどっさりとれる大事な川ということである。だから小さな川にもポロ・ナイがあり、大きな川にもポン・ナイ（価値の少ない川）と呼ぶところがある。

ヒメマス

元来、阿寒湖の特産であったが、支笏湖に移殖され、さらに青森県の十和田湖に移され、アイヌ語のカパッ・チェプ（カパル・チェプで薄い魚の意。ヤマベに比較して薄いからであるといわれている）が、支笏湖ではチップ（舟）と訛り、十和田湖ではカバチと呼ばれているそうである。

元々は北洋のベニマスが湖に陸封されて、淡水魚になったのであるというが、古老たちの話ではコタンカラ・エカシ（国造の長老）から貰ったものであるといわれ、阿寒ではこの魚をサケと同じようにカムイ・チェプ（神魚）と呼んでいる。この地方では秋に産卵のためにヒメマスが川にのぼる頃になると、チェプコイキ・エトクシ・カムイノミ（魚をとろうとする前の祭）といって、火の神に祈願をしてからこの魚の入る川に簗《テシ》を立て、その簗の両側と真中に木幣《イナウ》を三本立てて、簗の下に群来する魚をタモで丸木舟に掬いあげる。こうして最初にとれた魚は盆にあげて火の神に供え、礼拝をしてから腹の部分を切って火の中に入れ、焼きながら国造の長老に届けるように頼み、その骨は赤い椀に入れておいて祭壇に納める。こんなに鄭重にあつかうのは、阿寒湖ではこの魚が最も重要な食糧であったからである。

湖が結氷してしまっても、阿寒湖にはところどころ湖底から温泉の湧くところがあって、そこだけ氷が張らずト・シンプイ（湖の井戸）といって穴があいているので、その穴から枯木の中にいるカミキリムシの幼虫などを餌にして釣り、釣りあげた魚は頭を噛って殺す。本来なら木幣《イナウ》のような頭叩棒《イサパキクニ》で叩くのであるが、小さいのでこうするのだという。

ヒメマスが氷の下を回遊するのは夜明け頃であるので、薄明の光の中で氷の華に包まれながら釣るのであるが、魚が容易に食いつかないときは魚に対して、呪文のような悪口を投げつける。

さァ　さァ　さァ

結氷した湖で釣る

こんなにうまい御馳走があるのに
どうして食べないのだ、
強情張っていると
釣り針の渋で口が曲って
何も食べれなくなるぞ

ヒメマスは阿寒湖の近くの北見のチミケップという沼にも棲息しているので、この沼の神と阿寒湖の神とは親類であるともいわれている。

幕末の探検家松浦武四郎の『久摺日誌』の阿寒の項には、オビラメ、ウグイなどとともにヒメマスについて特別図入りで説明を加え、

カハルチエップ

形扁にて鯽魚に似長六七寸味殊に美にし多食すれば瘡を生ず。冬中氷上に火を焼き、穴を明け、其より括槍もて穿て取る也。其猟出羽の八龍湖の猟、またカラフト島シュシュヤの鰈取りと同じ業なりとかや。

此四種クスリ〔屈斜路〕、アカンの両湖にのみ有て、他所にて一尾も見たる事なし。実に一奇事
と為べし。
とある。

ヒメマス釣り（阿寒湖）

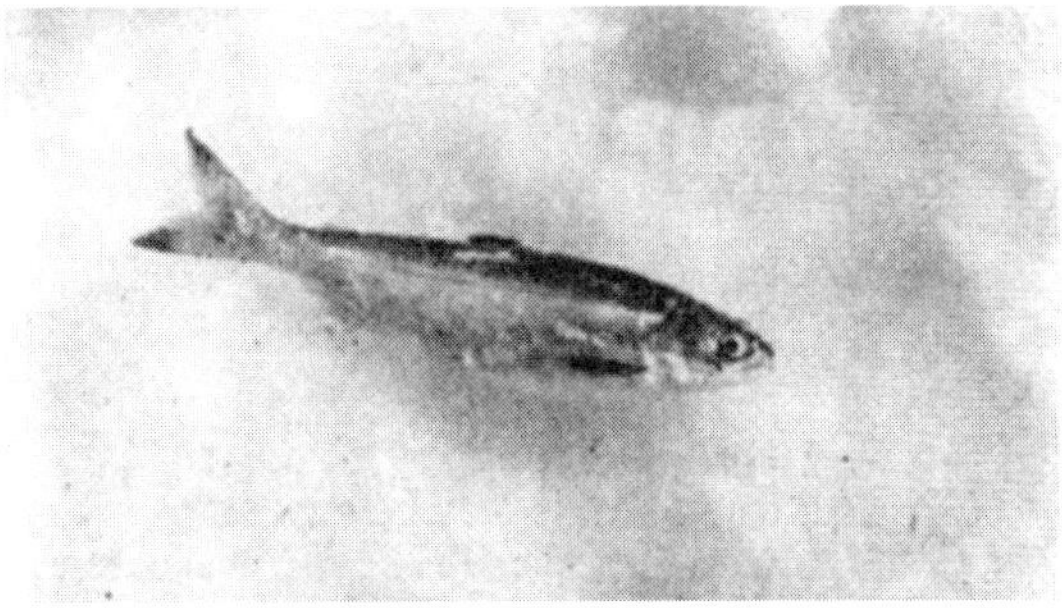
ヒメマス

ヤマベ

アイヌ名のキッラとはすばしこく逃げるという意味だという。キッラッポ（キッラの若いの）とか、ポンキッラ（小さいキッラ）ともいう。若くてすばしこいヤマベのことをそういうのであるが、大きくなってマスの産卵期になると、川のマスと同じような川底色の体色になり、マスの産卵の際雄の役目を手伝うものがある。これをイチャンカオッ（産卵場《ほり》の上にたかっている）とか、イチャン・コル・チェッポ（マスと一緒に産卵場にいる小魚）とも呼んでいる。

元来ヤマベは、海に出ないなまけもののマスの雄だということであるが、たまには未熟卵をもった雌が釣れることもある。またマスの産卵の際雄の代用をつとめるのでなく、せっかく川底の砂礫に埋めたマスの卵をこっそり失敬するものもいるという。

昔はこんな小さな魚は一尾ずつ釣るなどという面倒なことをせず、川を堰止めて一ヶ所だけ口をあけておき、そこにヤチハギ（ホザキシモツケ）を編んだ小さな筌をつくって置けば、ごっそり入ったものだともいう。

平たい石の上に味噌の堤をつくり、その下でどんどんと焚火をして、味噌の焼けたところに水をはり、そこにヤマベを入れて食べるというのは、昔からの料理法ではなかったろうがおいしそうである。

昔はフキの茎の中にヤマベを入れ、それを焚火で焼いて食べたという。

アメマス

この大地は天地創造のとき、国造神がうっかりして大アメマスの背中の上につくった。それで時々下にいるアメマスがくたびれて動くので、地震が起こるのであるという。それで地震が起こると炉の隅に火箸や小刀を突き立てて、

「お前《エ》の腰骨《エツケウ》押えたぞ《クラリナ》」

というとおとなしくなるという。ところによっては「腰骨《エツケウ》！　腰骨《エツケウ》！」とだけいったり、女が杵で大地をつきながら「お前の腰骨殺したぞ」というところもある。樺太《サハリン》では何もいわず小刀を炉に突き立てるだけであるという。いずれにしても本州のナマズと同じように、地下に大きな生き物がいて、それが動くことによって地震が起こると考えていたし、実感としてそう考えるのは当然であるように思われる。

地震ばかりでなく、北海道の各湖には必ず大アメマスが棲んでいるという伝説がある。

屈斜路湖に昔大アメマスが棲んでいた。頭は湖の上手に大岩のように突き出し、尾鰭は湖の下手でざわざわと波をたて、背鰭は帆のように湖上に現われ、腹鰭は湖底の石にすれるというほど大きなアメマスだった。人間が舟で湖を渡ろうとすると、鰭ではねとばされたり、舟諸共に丸呑みにされたりするので、多くの神々が退治に出かけたが、どれも大アメマスの一撃で一たまりもな

くのびてしまい、死体は流木のように湖畔に寄りあがっていた。

天上の神はそれを見て文化神に大アメマスの退治を命じた。文化神は手なれた回転銛《マレツキ》を持って出かけ、大アメマスの満月のように見える目玉にうち込み、やっと陸に引きあげようとすると、あばれるアメマスに逆に引きずられてズルズルと湖に引き込まれてしまった。文化神と大アメマスは互いにゆずらず、六日六晩の死闘をくり返したが、次第にアメマスが弱って来たので、文化神は銛の柄の綱を傍の小山にしっかりと結びつけて一休みをしていた。すると、大アメマスが最後の力をふりしぼって身体を大きくくねらせたので、しばられていた小山は大きな音をたてて引き抜かれ、湖の中に引き込まれてしまったが、大アメマスの身体もそのまま小山の下になってしまって動かなくなった。

その小山のあったあとに水がたまったのがポン・ト（小沼の意で現在の奔渡）となり、湖中の中島はそのとき引き込まれた小山である。

今もこの地帯に時々地震の起こるのは、小山の下になった大アメマスが、まだ死にきらないからかもしれない。

支笏湖では大アメマスが文化神に切り刻まれて湖に投げ込まれ、それが小さなアメマスになったといい、洞爺湖のものは鹿を丸呑みにしたため角で腹を破られ、湖の流出口にひっかかって壮瞥の滝になったという。また然別湖の大アメマスは湖を泳ぎわたる大熊を呑み、咽喉につまらせて死んだなど色々あるが、こうした話が伝承されるかげには、昔実際に相当大きなのがいて、それをとるのに手痛い苦労をさせられたことが、反映されているのであろう。

支笏湖から流れる千歳川にはいくつも滝があって、サケもマスもその他の魚も滝をのぼれないために、湖には他の魚が棲息せず、昔はアメマスしかいなかった。そのためつぎのような面白いいい伝えがある。

この島をつくった国造神《コタンカラカムイ》は、いつも首から上は雲がかかって見えず、海に入っても膝を濡らすことがないほど大きな神であったが、支笏湖をつくったときどれくらい深くできたかと入ってみたら、深くできすぎてアッというまに股まで水につかり、大事な睾丸まで濡らしてしまった。カンカンに怒った国造神は、せっかく湖に放した魚をみんな摑んで海に投げ返してしまった。そのときたった一尾のアメマスがこっそりかくれていたので、この湖にはアメマスだけしかいないのだ。

このようにこの魚についての伝承は豊富であり、またこの魚のとれる川が特別にアメマスの多い川という名で呼ばれているのは、やはり大事な食糧だったからであろう。徳舜瞥《とくしゅんべつ》（トクシッ・ウン・ペッでアメマスのいる川）、得志内《とくしない》（トクシッ・ナイでアメマス川の意）、徳志別《とくしべつ》などがそれで、日本語で阿女鱒川、鮇《アメマス》川などと呼んでいるところもある。

これをとるには伝説にもあるように、回転銛《マレツキ》で突くという方法もあるが、川を八の字形に堰止め、真中の一ヶ所開いたところに袋網をかけ、川をくだる魚をとるウライ漁や、川を真一文字に堰止めて、上流に溯ろうと止めの下を泳ぐ魚を掬いあげるテシ漁も用いられる。この方法はサケやマスにも仕かける方法だが、サケ、マスは止めた堰を跳ね越すことがあるが、アメマスは障害物を跳ね越すということはしない。しかし雨が降っていると岸にあがって、濡れた草原を辷って堰の上流に入ってしまうことがある。一尾が通ると草の上に粘液がつくので辷り易くなり、あとからあとからと通るものであるという。またところによりマスの滝漁のように、滝の下にブドウ皮で編んだ袋をさげ、滝を跳ねあがろうとして落ちるのをとったりもした。

どういうわけか胆振方面ではこの魚の肉と、海のアホウドリの肉を食べていると、疱瘡などの流行病にかからないといっているところがある。また釧路地方では山に入ったとき、この魚の名をトクシㇱとは呼ばず、特別にカㇷ゚・ララック（皮のつるつるしているもの）という山言葉で呼んでいる。なぜか山の神である熊がこの魚を好まないからのようである。

占いに使うアメマスの下顎骨

地方によって狐とかカワウソの下顎骨を大事にとっておき、これで占いをしたり、またお椀などでも占いをすることがあるが、このアメマスの下顎の骨も乾してとっておき、山に狩りに入った人の安否とか、今夜の漁の豊漁、不漁、病気をしている者が癒るかどうかなど、気がかりなことがあると、これを頭にあげて祈願をし、自分の前に落して可否を占うのに用いた。

樺太《サハリン》ではこの魚の皮でも魚皮衣をつくったり、脚絆《ホシ》、長靴《タンネケリ》の胴の部分を作るのに用いたというが、北海道では皮靴《ケリ》を作るのに用いたというだけである。

イトウ

まぶしいまでに春の雪面がかがやき、明るい春のきざしがよみがえって来る季節、北海道東部のコタンはまだ、どこか冷んやりとした暗い季節である。それはまだ川に蓋をした氷がとけず、潑剌とした川魚の姿がどこにも見られないし、貯蔵した乾ザケももう乏しくなる時だからである。そのとき一番待たれるのは最初に川に姿を現わすイトウである。

イトウは全道的にチライと呼ばれている。サケのところで述べたなまけものの娘の話の中で、母親がウグイの次に出逢ったのがイトウであるというのは、春早く川にのぼる魚だからである。またこの話の中で、イトウは「お前たちは私たちをとっても、肉がまずいといって木の枝にひっかけ粗末にする」といって怒り意地悪をしているが、それはサケに比較してのことであり、春の鮮魚のないときには最も期待された魚である。そのために釧路地方ではフクジュソウのことをチライ・アパッポ（イトウの花）とか、チライ・フレップ（イトウのイチゴ）などと呼び、オシドリのことを、チライ・マ・チリ（イトウと泳ぐ鳥）と呼んで、これらの花や鳥の姿を見ると、回転銛《マレッキ》を磨いてイトウの姿を求めて食卓をにぎわした。

この魚は季節をとわず川にいるので、胆振鵡川では結氷した川に穴をあけて、その上に丸太小屋をつくり、イトウが物陰だと思って寄ってくるのを、柄の短い回転銛《マレツキ》で突いたといい、オホーツク海岸の斜里《しやり》では海の中にも産卵するので、そんなのをヤスで突いたともいう。

この魚も魚体の大きいのがいるので、摩周湖や然別湖の主はアメマスでなくイトウであるという人もある。然別湖の話は次のようなものである。

昔、狩人が大熊を見付けて跡を追ったところ、熊は然別湖に飛び込んで泳ぎだした。ところが、湖の中頃まで行くとぶくぶくと沈んでみえなくなってしまったので、舟を漕ぎ出して行ってみると、身体の長さが四、五十メートルもある、イワン・オンネチェプ・カムイ（六倍の老大魚神の意）というイトウの主が大熊を呑みこんで咽喉につまらせ、熊はイトウの口から前脚を少しのぞかせて死んでいた。

こうした伝説だけでなく、色々な点でイトウはアメマスと似ている。山狩りに行っても川の漁に行ってもこの魚の漁以外では、チライという言葉は禁句で、イパシ・ラッキ（川下にぶらさがる）とか、ヤコノ・ウェン（網にいがむ）などという言葉で表現しなければならない。

下顎骨に欠木幣《チメシユ・イナウ》をつけてとっておき、川漁に行くとき歯を上にして口先を前にして頭にあげ、

「今晩魚をとりに行くから、うまく私の方に向かっておちてくれ、そうすれば私の漁運のよいことがわかるから」

といって自分の坐っている前におとし、下顎骨が自分の方に泳いでくるような具合におちると豊漁、

反対に自分から逃げるようにおちると不漁であるという。これを二度くり返し、うまくいったら三度はやらず、新しい欠木幣をつけて家の中の祭壇に飾っておき、熊送りをするときに木幣をつけて外の祭壇に納めるか、川に流したりする。結果がうまくいかないときには「火の神にあげる」といって火にくべる。これはイトウのとれる北東部ではどこでも行なわれた。また最初にとれた魚の顎の骨には木幣をつけて、神窓のわきに納めておき、雪の降りかけたときに川に持って行って流す。

毒矢をつくるときにトリカブトの毒を矢につけるのに、普通は松脂《まつやに》をとかして使うのであるが、イトウの皮を噛んで膠のようにして毒をつけると、毒が傷口に集まる（トリカブトの毒は獲物が死ぬと傷口に集まる）範囲が小さくなるという。

乾したイトウの皮はサケの皮と同じく冬の履物《ケリ》に用いた。

オビラメ

動物学上ではイトウであるというが、コタンの人たちはイトウとは絶対にちがうという。イトウの頭頂は三角形にとがっているが、オビラメは平らであり、イトウの肉は脂肪がなく白くてまずいが、オビラメは脂肪が多く肉が赤くておいしい。筆者も何度か食べたことがあるが、たしかにその通りであるので、これは産卵期による差異かとも思ったが、産卵期でも産卵後でも両者はちがい、オビラメは産卵後でも肉が赤く油があるという。イトウは最初にとれたものだけ下顎骨を大事にするが、オビ

ウライでオビラメをとる

ラメの方は全部一尾ずつ下顎骨を火棚にかけておき、欠木幣《チメシュ・イナウ》をつけて鄭重に湖に戻す。この魚は湖に常住していて、産卵期にだけ川に下って産卵するのだという。

屈斜路湖畔のコタンにいたとき、春になると釧路川の流出口の近くに、オビラメ漁のための、湖神に祈願する祭壇がつくられていた（イトウのための祭壇はない）。湖の氷がおちて川を流れはじめると、この祭壇に湖の神と川口の神、魚族を支配する神々に捧げる宝物を飾り、木幣と酒をあげて豊漁を祈願した。そして川口を両方から川下に向かって八字形に堰止め、真中だけあけて、産卵に川にくだるオビラメを、長い袋網で掬うウライ漁でこれをとった。この漁をする間はウライの番をする以外は、女性が川口を舟に乗って通ることは禁じられたし、この漁の終わるまで川口の祭壇の宝物はそのまま飾っておいた。

この魚は屈斜路湖の他には、阿寒湖と北見津別町のチミケップ湖にしかいない。天塩の名寄地方では、名前は知っているが見たことはないという。

オビラメとはアイヌ語のオプ・ライ・ペ（銛でとる魚の意）の訛ったもので、雨が降ったり北風が吹いても川にくだるという。

松浦武四郎の『久摺日誌』の阿寒湖の記事にも「土人ヲヘライベと云ふ長四尺斗の魚を持来りぬ」とあり、別に挿画して「ヲヘライベの図」として、

形ち鰡《トヨシ》のごとく丈三四尺位の物也。この地〔阿寒〕産するいとう（夷言チライ）の種なり。いとうは八九尺にも及ぶよし、肉白くして少毒あり、土人も稀に食はざる者有に、此魚肉少し紅、無毒甘美にし四月頃に取獲るなり。胆有て其功能熊胆にも勝れり。

とある。皮は阿寒では皮靴をつくるのに用いたが、サケやアメマスの皮でつくったものよりも丈夫なものができたという。

チョウザメ

今は全くその姿を見ることができなくなってしまったが、昔は石狩、十勝、釧路、天塩の各河川ばかりでなく、八雲や鵡川でもとれたことを知っている人が今でも少なくない。地名としてもチョウザ

メのいるところというのが各地に残っている。一般にユペと呼ばれていて、江別や江部乙、内大部《ないたいぶ》、湧別などはチョウザメと関係のある地名であるといわれ、昔、文化神が熊を獲って石狩川を舟で運ぶ途中、神居古潭で舟をひっくり返したので、その肉がチョウザメになったという伝説がある。

釧路川筋ではオンネ・チェプ（老大魚）と呼び、雄をサラカッチ、雌をヨゥマイペと呼ぶというが意味は明らかでない。初夏の川原のブッシュで啼くエゾセンニュウが囀り出すと川にのぼり、六月から八月頃まで産卵して、秋になって稚魚が海にくだるという。

十勝ではカムイ・チェプ（神魚）とか、ユペ・カムイ・チェプ（チョウザメ神魚）、ピシ・コル・カムイ・チェプ（鋲《びょう》をもつ神魚）などといっている。これをとった者は、熊を獲った者と同じ手柄にされ、とった肉も熊と同じように部落《コタン》中に分配された。食べたあとの頭骨には木幣をつけて、祭壇の裏に納めたという。

釧路や天塩地方ではこの肉はどこも生で食べたといい、もちろん脳漿や鰓やメフンも食べた。この卵がキャビアであるが、アイヌ語ではユペ・チポロ（チョウザメの卵）といい、一尾分のキャビアは昔の醤油樽（八升入）に一杯もあったという。

天塩川では宗谷本線が敷設されるとき、測量に入った測量師たちが舟で川をくだって行くと、この魚が時々水から頭を出して、気味悪い蒼い目で舟の人々をおびやかし、回転銛《マレツキ》で突かれて柄を折って逃げたなどという記録がある。サケをとるヤーシという袋網によく入ってあばれるので、そんなときは舟の中に姿勢を低くして引きあげなければならなかったともいう。天塩川では最も近年までとれたらしく、キャビアなどはあまり貴重な食糧でもなく、他のものと一緒に煮て食うものであった。内臓のうちの腸《ドイ》や浮袋《ビセ》は煮て乾しておき、それを削ってあたためると膠になったし、肝臓を鍋に入れていりつけると油がとれたともいう。サケやマスの産卵場のことをイチャンといい、ウグイのそれはラカンなどというが、この魚の産卵場は特別にチェプコッ（魚の窪地）とか、チェプ・ソッキ（魚の寝床）と呼んだという。

どういうわけか釧路方面では、この大きな、神魚とまで呼ばれているチョウザメが、髭の生えたドジョウの甥子だといわれたりしている。

イワナ

事実は不明であるが海に出て大きくなったのがアメマスで、ヤマベのように川にいてうろうろしているのがイワナであるといわれ、ポン・トクシㇱ（小さいアメマス）とも呼ばれているが、チポㇽ・ケソ（筋子のような斑点がある）とか、フレケソ（赤い斑点がついている）その他色々の名で呼ばれている。私の故郷に近い屈斜路コタンではポン・コタン・コㇽと呼ばれている。小さな部落《コタン》持ちということであるが、なぜそういうのであるか明らかでない。

十勝の然別湖で釣をしていた老婆の話によると、昔は舟に乗って二時間も釣ると、胵が埋まるほど釣れたという。然別湖には体側に赤い斑点のあるオショロコマ（オソㇽ・コ・オマであるという）という特殊なイワナがいる。

屈斜路コタンの人々の漁法は、シュマ・ウライ（石簗）という方法で、川原の砂地に溝を掘って水を導き入れ、奥の方に深みをつくってフキの葉などをかぶせて陰をつくり、そこにマスかサケの筋子をつぶして流しておく。すると、それが少しずつ川に流れ出て、イワナをうまそうな味で誘惑する。めったに陽のさすところに姿を現わさない臆病なイワナもこの誘惑には勝てず、たまりかねて溝に入り、フキの葉の下で筋子の御馳走をつつき合って騒いでいるうちに、出口の方を網でふさがれ、まんまと一網打尽、人間の欺瞞にしてやられたという。

しかし元来イワナはあまりおいしい魚ではないので、それほど重要視されなかったらしく、昔話の中にも肉のまずいものの仲間として物語られている。

ウ　グ　イ

一般にスプンという名で呼ばれている。岩見沢市の志文《しぶん》、日本海岸増毛に近い朱文別という地名は、いずれもスプン・ペッ（ウグイ川）への当字であり、阿寒国立公園の名は、旧阿寒川が釧路川に合流するところをラカン・プト（ウグイの産卵する川口）といったところからでたといわれている。

骨ばかり多くて、それほど大事な食糧ではなかったことは、民話の中にも物語られている。多くはタモのような袋網で掬いあげてとった。石狩川ではオタシヤという網を使ったという。オホーツク海岸の渚滑《しょこつ》では川に氷がはって魚がとれなくなると、女の人が古川の凍った上で、大勢で声をそろえて、「コパロ　ホー　ホー」といいながら棒でドシラ、ドシラと氷を突き、ウグイを川下に追いさげ、氷に穴をあけたところに袋網を仕かけて、くだって来るのを掬いあげて、生魚の少ない冬の糧食にした。

釧路方面ではエゾノウワミズザクラの花の咲く頃に、産卵のために川や湖に群をなして溯るのを、ヤナギの枝やホザキシモツケの茎を編んだ筌《ラオマップ》を沈めておいて、一度にごっそりと掬いあげた。もちろん釣ることもあるが、産卵期にはあまり餌にかからないので、そんなときには「そら　そら　そら口の大きい奴、うまいものやるから早く食え、それを食わないと、お前の口が釣針の錆でくさるぞ」などといっておどかす。

とった魚はブツ切りにしてお汁に入れ、チッチヤッチャという料理にするが、とても食べきれないので多くは焼乾にして貯蔵する。もっとも、とれたばかりのものを焼乾にしたのでは煮ても肉がかたいので、しばらく水につけて置いてから焼くのである。ルイベにもして食べた。これは一週間ほど凍らせておいて、食べるときには皮を焦がし、それを静かに炉火で肉が焼けないようにとかして食べるのである。

一般にスプンというが、屈斜路湖ではスプンというと最も体長の大きな、体側に薄赤い縦線の入っている六十センチもあるウグイのことで、産卵期に入ると腹が赤くなる、俗に赤腹と呼んでいるもののことである。天塩名寄ではラカイノチといい、特に赤腹の大きいのはパケ・ポロとかパケ・ルプネ（いずれも頭でっかちの意）などと呼ぶところもある。

腹の白い大形のものを釧路地方（屈斜路、美幌、足寄、白糠）ではフットイ、またはウットイと呼んでいるが、意味は明らかでない。このフットイの大きいのをエド・レタㇽ（鼻白）といい、それよりも一まわり大きいのをシ・エド・レタㇽ（本当の鼻白）と呼んでいる。

以上の他に何百となく群をなして集まり、川底を黒くして煮えたつように産卵場《ラカン》で騒いでいる、体が細長くて赤い縞のある連中を、特にシリコ・ポップ（いちめんに煮立つ）と呼んでいる。

また湿地帯の小さい沼にいる、俗にヤチウグイといっている小形の食べられないウグイを、北見美幌ではトイ・シッシッセプ（土をつつく）といい、名寄ではト・チェッポ（沼の小魚）、釧路の塘路ではト・ウットイ（沼の白腹ウグイ）、樺太《サハリン》のタライカではトイ・スプン（土ウグイ）と呼んでいる。

ドジョウ

なぜか釧路の屈斜路では、この魚はチョウザメの叔父さんを意味するオンネチェプ・ケウスッという名で呼ばれている。小さいが形が似ていて、変に髭などはやして大人びているからかもしれない。一般にはチチラカイと呼ぶが、釧路地方では屈斜路を含めてチチラカンと呼んでいる。また日高の沙流川筋ではチチラとも呼んでいるが、いずれも意味は不明である。胆振白老ではレキ・ウシ・チェッポ（髭の生えている小魚）と呼んでいる。

ウナギ

昔、生活文化をひらいたアエオイナ神のいた頃、川という川には真黒くなるほどサケが盛りあがっていたから、人間は食べものに困るなどということがなかった。ところが山から熊がでて来て片っぱしから人間の食糧のサケをとってしまうので、だんだん人間が食べものに困るようになった。そこで人間は文化神アエオイナ神に熊の横暴を訴えた。そこで神が色々と考えた末に、川岸の草をむしって細長く縒り合わせ、川の中に入れた。するとそれが細長い魚になってにょろにょろと泳ぎだした。山の中から魚をとりに出て来た熊が川の中をのぞき込むと、世の中で一番大嫌いな蛇のようなものが、川の中をにょろにょろと泳いでいるので、びっくりして立ちあがり、鼻をとんがらかして、横っとびにとんで逃げていってしまった。それからはあまり熊にサケをとられなくなったと。

これは元室蘭に伝わるウナギの説話である。本当は熊より先に、人間の方がびっくりしたのかもしれない。

一般にはタンネ・チェプ（長い魚）とか、タンネ・イペ（長い食物）というが、ヌクリペと呼ぶところもある。ヌクリペとは食う気になれない魚の意であるかもしれない、と知里辞典にある。釧路塘路でも昔は食べるものではなかったという。熊までびっくりするほど蛇に似ているからかもしれない。

ヤツメウナギ

本当の目は二つしかないのであるが、目の後に並んでいる七つの鰓孔を目と数え込んで名付けた名である。終生川で生活する小さい方が砂ヤツメ、海にくだって成長し、産卵のとき川に溯る大きい方が川ヤツメである。この川ヤツメをコタンではウナギと同じにヌクリペ、オクリペ、ヌプルペなどと呼び、砂ヤツメは産卵のとき小石を口で銜えて動かすので、スマ・ルラ・プ（石を運ぶ者）とか、泥にもぐるのでトイ・ソッソポ（泥をくずしくずしする）などと呼ばれている。

石狩川に伝わる伝説の中につぎのようなものがある。

文化神サマイクルカムイが大きな熊を獲って、木の皮舟に積んで川をくだる途中、神居古潭のところで舟を岩にぶつけてこわし、熊の肉も腸も流してしまったが、そのままにしておいては腐ってもったいないので、その腸を川ヤツメにした。それでヤツメには骨がないのだと。

ヤツメが神居古潭のような急流をのぼるときには、石の穴のように凹みになったところに吸いついてのぼるので、それを摑んでとるのであるが、素手で摑んでは滑るので手にボロ布を巻くか、もしくは中指を一本外にして指の間にはさむようにして摑む。

川ヤツメは背割にして乾しておき、焼いて食べる。胆振鵡川では沖から（舟で本州から）流行病がやって来そうなときには、エゾノウワミズザクラの木を焚木にし（この木は悪臭がある）、仙台蕉《アタネ》（これも臭いが強い）を食べ、ヤツメの乾したものを糸に通して首に巻いておくと、上陸した病気の神もその臭いにいたたまれなくなり、沖に去っていくといい伝えられている。

カワカジカ

昔イマクチェプのフグが、焚火がなかなか燃えつかないので一生懸命吹いていると、だんだん腹がふくれあがってきたので、カジカのサマイトウが大口あけてゲラゲラと笑った。それを見ておすましやのカレイのタンタカが、目をパチパチさせてカジカをたしなめた。それでフグの腹はあんなにふくれあがり、笑ったカジカの口は莫迦に大きくなり、カレイの目は一方に片寄ってしまったのだ。

これは屈斜路コタンに伝わる伝承である。ここではこの魚はカツラの木の芽から生まれるのだ、だから山奥の尻無川にもいるのだという。

サマイトウとは頭が平たく光っているという意味だという。そのほかエソッカパ、パケ・ポロ（頭でっかち）、コタン・コㇽ・チェプ（村を持つ魚の意で、人家の近くにいるからであるという）、ウッカ・コルペ（瀬を持つ者）、ペトルン・チマカニ（川の中にいるカジカ）など色々に呼ばれている。

それほど昔の生活に重要な魚ではなかったが、胆振の虻田では川にマスをとりに行くのに、日照りがつづいて雨が降らないとマスがのぼらないので、雨を降らせるためにこの魚を摑まえて炉でその背中を火炙りにする。こうすると雨がふり、マスがのぼってくるという。

また千歳でも雨のほしいときに、煙管に煙草をつめて火をつけ、それをカジカに咥えさせて火の方から吹くと、身体の色がかわる。それを川に放してやると雨が降るという。釧路方面ではピンネ・シトド・イナウ（男の棍棒幣）の頭を長く串のように尖らせて、それをカジカの尾の方から突き刺し、川淵に立てて、口をあけたところに水をすくって入れてやりながら、

「お前が水をほしがって頭を上に向けているので、水を入れてやるから、有難かったら雨を降らせろ」

といって拷問にかける。これをやるのは男の大人でも子供でもよいが、雨の降ったとき生まれた雄弁家であると最もよい。

幕末の探検家松浦武四郎の『夕張日誌』には千歳川の項に、カジカをとるに「土人等アッシを脱ぎ川中に広ろげ、暫時に数百尾を得たり」などとある。木綿糸の先に小石を縛って沈め、それを動かしているだけでも食い付いて離れない呑気者であり、ペラ・アイ（箆形の矢）で頭を射てもとれたし、ヤマドリの肉を餌にするととくによく釣れるといい、釣りあげたらヒメマスと同じように頭を噛って殺したという。

だがコタンの人たちはこの魚が、川底の土の穴や沈木の節穴などに産卵し、稚魚が孵化したあとも穴の入口を離れず稚魚を守り育て、自分は目の前に来る餌だけをとって痩せ細っている親心の姿を、同情の目で鋭く観察している。

シシャモ

シシャモはアイヌ語のスス・ハム（ヤナギの葉）の訛りで、魚体の形が川岸にあるナガバヤナギの葉に似ているからである。これについて胆振の鵡川につぎのような神話がある。

昔、天上の神の国にススランペッという川があり、その川岸にはヤナギの木ばかりがあった。このヤナギの葉は毎年下界が紅葉するころになると同じように色付き散りおちるが、決して下界におちることなく、神の国の庭の池におちていた。ところがある年、どうしたはずみかそれが下界におち、鵡川の流れの上に散ってしまったので、下界の木の葉と一緒に朽ちてしまっては可哀相だと、神様はそれに生命を与えて魚にした。それで毎年秋風の吹く頃になるとこの魚が川に入ってくるのであると。

この伝説はなかなか美しく文学的に構成されているが、ヤナギの葉が魚になる理由があまり生活と結びついていない。もう一つ同じ鵡川に伝わる伝説があり、この方が昔の生活に結びつきがあって説得力もあるようである。

天上の雷神の妹が退屈して、ある日、日高山脈のシシリムカ・カムイシリ（沙流川の神山）という、神々の集まる山の上におりて、遙か沙流川や鵡川の様子を見ていた。すると、どうしたことか川下の村々から煙ののぼる家が少ないので、注意してみていると、人々の静かに話し合う声が

ヤナギの葉とシシャモ

きこえてきて、人間界が食糧に困っていることを、神々がうかつにも見落としているということがわかった。そこで妹神は天上に向かって大声で、危急を知らせる叫び声をあげた。天上のススランペッのほとりにある、神の部落ではびっくりして、ハシナウカムイ・カムイカッケマツ（木の枝幣を持つ神、神の奥方）というフクロウの女神が、ヤナギの木の枝を杖にし、食糧の魂を背負って羽音も鋭く、シシリムカ・カムイシリの山頂に天降った。フクロウ神はさてこれをどこに流そうかと山の神々に相談したところ、沙流川は水がきれいだが男川で流れが荒いから、女川の鵡川の方に入れた方がよいということであった。そこでフクロウ神はその管理を沖の神にまかせることにし、ヤナギの葉一枚一枚に食糧の魂をつけて鵡川の方に流した。ところが天上の神々がそれを見ていると、どうしてもフクロウ神に持たせたものよりも数が少ないようである。よくよく調べてみると、フクロウ神があまり急いで舞いおりたので、ヤナギの枝の半分が途中で折れて八雲の遊楽部《ゆーらっぷ》川に落ち、今にも腐りそうになっていた。それを雷神が見つけて遊楽部の川の神にいいつけ、それにも食糧の魂を入れたので、八雲の遊楽部川にもシシャモが入るようになった。

この伝説の中に雷神が関係しているのは、この魚が川に入る頃になると、シシャモ・ルアンペ（シシャモ時化《しけ》）といって海が荒れ、沖合ではシシャモ・カムイフム（シシャモの雷鳴）といって雷が必ず鳴るからである。またこの話の発生は、この魚が豊漁のときは陸上の食糧のとぼしい年であるということと関係がありそうである。

それで鵡川ではこの魚をカムイ・チェプ（神魚）と呼んでおり、秋になるとこの魚を迎える、カムイチェプ・イカノック・カムイノミ（神魚迎え祭）という祭を川口のムレトイの丘で盛大に行ない、川漁に関係のある四方の神々に豊漁を祈願した。もしも魚の入り方が少ないと、川が咽喉つまりをしたのだといって川を浄める祭までもした。

シシャモの入るのは太平洋岸の内浦湾から釧路海岸までの特定の川、つまり八雲の遊楽部川、胆振の鵡川、十勝川、釧路川などだけである。その中でもこの魚だけの単独の祭をしたり伝説のあるのは鵡川以外になく、八雲では秋にサケ迎えの祭をするとき、シシャモも一緒にシシャモチェプ・カムイノミ（シシャモ祭）をしたが、十勝や釧路ではこの魚のための行事はしなかった。祭というものは生

神魚を迎える砂丘の祭壇（鵡川）

活上の重要性の度合によって行なわれたもので、鵡川では神魚と呼ぶほど重要な魚だったのである。

この魚が産卵のため溯河するのは十一月のはじめ、初雪の来る頃の僅かな期間なので、初雪のことをシシャモ・ウパシ（シシャモ雪）と呼んで、それが降ると間もなくシシャモが来るぞと漁の準備をした。

またこの魚が盛んにとれる頃にふる雪を、トルルカオマプ（積みあげた上の雪の意）という。とったシシャモを細いヤチハギやヨモギの茎に刺して、乾棚にかけた上につもった雪のことはサンカラリプ（棚の上を押しつけるもの）といい、釧路ではサラウン・サンカラリプ（湿原にある棚を押しつけるもの）という。八雲では雪虫のことをシシャモ・キキリ（シシャモ虫）といい、シシャモが川に入る頃天候の悪くなるのを、シシャモ・シリウェン（シシャモ荒れ）といって、それぞれ冬を間近に控えたあわただしい季節の雪と、この魚とを関連づけて呼んでいる。

鵡川ではこの魚ののぼる前に川の中に杭を打って川に簗をかけ、のぼる魚を堰き止めて丸木舟の中に掬いあげたが、溯りはじめると川の中を歩いても足裏が石にふれず、シシャモを踏みつぶすほどだったという。それほどとれても一尾も粗末にすることはしなかったし、神魚を迎える川では、漁中は洗濯をしたり汚いものを流すなどということは、厳しく禁じられていた。

とった魚は枯れたヨモギの茎に刺して乾燥させて貯蔵し、翌年の夏七、八月まで貯蔵食糧として大切に保存する。これを臼でついて砕き、仙台蕪《アタネ》とかギョウジャニンニクと一緒に塩味で食べたが、凍らせてルイベにし、食べるときに火で静かにあぶってとかし、生のまま食べたともいう。

どういう理由か鵡川の上流の穂別ではこの魚のことをパウチ・チェプ（淫魔の魚）といって、これを人にあげるときには投げてやるものだという。同じ鵡川筋ではあるが、海に近い鵡川でしかとれず、川上の穂別にはのぼって来ないので、自分たちに意地悪をするいやな魚であるというように受け取ったのかもしれない。知里辞典の中でも「pauci utar susu ham〔淫魔の仲間の柳葉魚〕トッテ川サナゲテ遊ンダ。」というところのあることが報告されている。

キュウリ

樺太《サハリン》では六月のことをキュウリの溯る月と呼び、キュウリをパイカハ・チェヘ（春の魚）と呼んでいるが、北海道ではフラ・ルイ（臭いが強い）とか、ヌイラ（ルイ・フラの訛りで、強い臭いの意か）と呼んでいる。天上からシシャモを鵡川におろすとき、シシャモは鵡川におろすかわり、男川の沙流川の方にはキュウリ魚をおろしたという伝承がある。

シシャモと同じように、川上に向かって川に八の字形に杭を打って、カヤを編んだ簾で川を堰き止め、川上の真中の開いたところにヤチハギ（ホザキシモツケ）を編んだ筌《ラオマップ》をかけておき、産卵にのぼるところをとった。

トゲウオ

小さいくせに全身を棘で武装していて、子供たちからはトンギョなどと親しまれて遊び相手になるトゲウオには、イトヨとキタノトミヨとがある。しかしコタンではあまりそんなことにこだわらず、どちらもロコムと呼ぶ地方が多いが、アイコル・チェプ（棘もつ魚）ともいう。また海で成長して産卵に川にのぼる三本の棘をもったイトヨを特別にオンネ・ロコム（老大トゲウオ）とか、本当のトゲウオという意味のシアン・ロコムと呼び、海にくだることなく川にだけ生活して、背鰭が八、九本の棘になっているキタノトミヨを、トイ・ロコム（土トゲウオ）と区別して呼ぶところもある。別に食糧になるわけではないから、直接生活とは関係がないが、小さいくせに棘を振りまわして他の小魚をおどかしたり、魚のくせに巣をつくって産卵したりする、特別の習性をもっていることなどに対して、注目していたようである。

カラスガイ

貝塚から多くのカラスガイの殻がでてきて、昔の人たちがこの貝をよく食糧にしたことを物語っている。

昔、雷さんが天から落ちて足の指を切った。その足の爪が川の中におちてカワガイになった。川のものなら何でも食う熊が、カワガイだけは食わないのはもと雷さんの爪だからであると。

この貝殻を魔除けのためにアワビの殻と一緒に入口にさげたりする（旭川近文）のも、こうした伝承によるものかもしれない。

これを川からとって殻のまま煮て肉を取出し、よく洗って細かく切り、ギョウジャニンニクやエゾネギと一緒に煮て食べる。生肉をよく叩いて湯を煮立てた中に入れて煮ると柔かくなって食べられるが、水から煮ると肉がかたくてたべられない。

この貝をピパとかペッ・ピパ（カワガイ）といって、地名の美葉牛川（北竜町）、美馬牛（美瑛町）、美羽烏《ピパカラス》（剣淵町）などはいずれもこの貝の多いところの意であり、美唄市の原名ピパ・オイも貝の多いところの意である。

この貝殻に中指を通す紐をつけたものをイチャ・セイ（穂を千切る貝殻）といって、それで「ヘッサオ　ホイ」と掛声をかけながらアワやヒエの穂を一穂ずつ摘みとるのである。鎌があっても穀物の収穫には決して使うということをしなかった。鎌というものはそれで切られると生き返らないといわれ、魔除けに使われるものであるからかもしれない。

一方川漁のときは網にカラスガイがかかることを嫌い、これがかかると舟を漕ぐ女の尻の下に入れて悪口をいわれた（釧路雪裡）という。また雨が降らないでマスの川に溯るのが少ないときは、川の中に立てられた股木の上にのせられて、「川に帰りたかったら雨を降らせて、ここまで水を呼んで帰りな」などといって、カワカジカと同じようにいじめられ、雨乞いをさせられた。

これに入っている川真珠はセイポ（貝の子）といって、別に何の価値もなかった。

ヌマガイ

ヌマガイもカワガイも同じくピペというが、ペッ・ピパ（カワガイ）に対して、ト・ピパ（ヌマガイ）と区別するところもある。またラップ・セイ（翼貝）というところもある。

日高地方に「ヤー　クリ　クリ」という繰返しのある、この貝の神謡がある。洪水に流されたヌマガイが陸にあがり、陽にさらされて苦しんでいると、そこへ文化神のサマユンクルとオキクルミの兄弟が通りかかった。兄のサマユンクルは「何だこったらもの」と悪口をいって踏みつけて、殻の片方を踏みつぶしたが、弟のオキクルミは可哀相に思って拾いあげ、沼に戻してやり「ここで、兄弟たちと沢山になれよ」といって助けてくれた。有難く思ったヌマガイはオキクルミの村にはサケが沢山溯るようにし、サマユンクルの村には魚が入らないようにした。

また北見美幌に、「トネペ　カント　トペ　カント」という繰返しのある同じような神謡がある。私が沼からあがって泣いていると、川下から枯枝を踏み折る音がして、ポノオキキリミンが沢山の犬を連れてやって来た。そして泣いている私をみつけると顔色を変えて私を蹴とばし、「こんな小さな貝でも魂があって泣いているんだべか」と悪口をいって犬をつれて川上へ行ってしまった。そのあとなおも私が泣いていると、また川下から枯木の枝を踏み折る音がして、ポノサマユンクルがやはり沢山の犬を連れてやって来た。ポノサマユンクルは私を見付けてびっくりし、「これは貝の神が陸にあがって水をのみたくて泣いている」といって私を拾って水に戻してくれた。私が川上に走って行って私の家に飛び込むと、私がいなくなったので父親も母親も心配して寝ているところだったので、皆大喜びで起きあがり、それからはお互いに助けあって、丈夫で静かな日々をおくることができた。

これらの神謡はどういう根拠からでたものか明らかでないが、やはり日高地方に「ト・ピパ　オイオイ」という繰返しのある神謡がある。これは山の中の大きな沼を占領したくて津波が何度も海から押し寄せてくるが、ヌマガイが悪魔祓いの踊りをして追い払ったというもので、そのときヌマガイのうたったという歌も伝えられている。

カワガニ

日高平取ではサケをとるために川で曳網してもサケがかからず、このカニが網にかかったりすると「サケをとらせるまで川に帰さん」といってヤナギの木につるし、もしサケがとれるとお礼をいって川に放した。また川の神に何か頼みごとがあると、アシケタンネクル・カムイエカシ（指の長い神、神の翁）とチューラッペマツ・カムイカッケマツ（川瀬を司る女神、神の奥方）というこの神に、願いごとを川の神に伝える仲立ちをしてもらう。普通アミタンネマツ（爪の長い神）といい、屈斜路では難産のときに頼む。

千歳ではアムシペ（爪を持つもの）といって魔除けとして入口にさげ、天塩川でもアムシペとかアㇺパヤヤといったが、一般にはアㇺパヤヤというところが多い。ケガニやタラバガニもアㇺパヤヤと呼ぶところがある。

春の渓流で熊が石を起こしてザリガニをあさっている姿は、猛獣などという猛々しいものではなく、むしろほほえましいものすら感じさせる。

アイヌ名のテクンペコル・カムイとは手袋を持っている神ということである。鋏の形が人間の防寒用に用いる、二股の毛皮の手袋（テクウンペ）に似ているからであるが、こんな手袋をもっているとは偉いものだという、太古の人の素直な気持を表現した名前である。

屈斜路湖ではこれが魚をとる網にかかると「間違ってあがって来たようだが、これをあげるから帰りなさい」といって、小さな木幣を背負わせて湖に戻してやり、決して焼いて食べたりはしなかった。しかし西洋医学が入って来た幕末の頃からはオクリカンキリといって、脱皮する頃の頭のところにある石灰の固まりを、結核の薬にしたために大部被害をこうむった。

松浦武四郎の『天塩日誌』の中にも「此処に喇蝴《テクンヘクル》多りしが土人是を見るや、味噌を一摘其流れに投ぜしや、小石の間より数十疋出て、其味噌を喰に群りけるを取て、玉有は玉を取り、無は串刺にし炙食するに其味実に美也。其味噌に群来る事又不思議と云べし。此玉蠻名ヲクリカンキリとて水腫《ハレケ》の薬なりと、此地水腫病多きよりして此蟹多し。また其能も他に比する時は尤も上品也と、惣て其病有地には其を治する薬品を生ずる事造物主の然らしむる所也とす」とあり、また寛政四年の串原正峯の

『夷諺俗話』巻之二にも、「舎利蟹の事」とあって「曹谷場所の内同所より壱里半程北シルシと云所に舎利蟹多し、尤松前にも多有るよし、夷言には◯《ママ》タビシトンベコロベと云、形は海老にて蟹のことくなり、此蟹時有て病付尻に玉の如く瘤出来る、此瘤出来ればやがて死するなり、此瘤を取製法なせはヲクリカンキリと云、薬品となる、此蟹味噌を好事本草にも見へたり、シルシの内ライタンネナイと云小川にて味噌を流し様子を見たる所、案の如く蟹集り出たり、時の間に四五十疋取らへたり。夷ともの云には呑水濁り味ひも悪しき時は右舎利蟹をとらへ水中に入置けは水よき清水と成」とある。

千歳辺ではホルカ・レエㇷ゚（後に這うもの）、石狩川筋ではホルカ・アムシペ（後戻りするカニ）などとも呼び、日高沙流谷では雨乞いをするとき、カラスガイやカワカジカのように川淵の木の枝にぶらさげられて、「水に帰りたければ雨を降らせて、ここまで水を呼んで帰りナ」と難題をふっかけられたりする。

伝説の魚

金の小魚

オプタテシケㇷ゚　（オプタテシケ山が）
プルプルケ　（プルプル震え）
ニシクルカタ　（雲の上で）

カニポン　チェポ　（金の小魚と）
カムイ　シノッ　フン　（神の遊ぶ音）

これは旭川地方で熊送りのときに最初にうたう歌であるという。オプタテシケ山とは大雪山と十勝岳の間の山で、この山の雲の上で神と遊ぶ金の小魚とは何であろうか。山の噴火のときに噴煙の中で散る火花をさしたものかとも思われるが明らかでない。

地獄の魚

日高新冠のタカイサラという丘の上に近年まで湿地帯があって、地震があるとそこから土が割れて水が噴き出し、一緒に真黒な魚が出たといい、その魚をポクナシリ・ウン・チェプ（地獄にいる魚）というのだといい伝えられている。釧路雪裡でも「土が割れると土の中から魚が出てくる。ヤマベのような真黒な魚だ」という、実在をうらづける話をきいたことがある。

鼻を切った魚

イドイ・チェプ（鼻を切った魚）という魚があって、鼻先が切られたようにない魚だという。何魚かわからないが、この魚を食べると淫魔《パウチ》に憑かれたようになって、あらぬことを口走ったり、あられもない行動をしたりするので、パウチ・チェプ（淫魔の魚）とも呼ぶということを、十勝芽室太できいたことがあるが、今もってこの魚の実体を知ることができない。

ペポソエンカラ（水をすかして見る）というものがいるということは各地できかれるが、その実体が何であるか明らかではない。これが魚の群の中に混っていると、魚を追いまわすので魚が右往左往して、漁の邪魔になるという。なおこのペポソエンカラには目がないといわれている。

河童

魚族でもなければ水に棲む獣でもない、魑魅魍魎の類に河童がある。フンドチカムイとかミントチカムイ（フンドチと共に日本の古語蛟《みずち》からでたものと思われる）、あるいはオソイネプ（他から来た者）といわれ、川にいて人間の尻を狙うものだから、そいつのいるところを泳ぐときには腰に麻をつけて、モヤモヤさせておくと、河童は手がからまるのをおそれて手を出さないという。

つぎに各地に伝承されている河童の行動や姿を拾ってみよう。

一、釧路市の頓化海岸を霧の深い晩に歩いていると、どこからともなく人の姿があらわれて前を歩いている。声をかけても返事をしない。足跡を見ると鳥のような跡なので変だと思っているとフトいつの間にか後からついて来る。ぼんやりしていると水にひきずり込まれて姿が見えなくなり、しまう。だからこの辺を夜歩くなといわれた。

一、十勝の利別川筋には各地に古川の跡があって、どの沼にも河童がいるといわれた。姿はポン・

エカシ（小老爺）だかポン・フチ（小老婆）だかはっきりしないが、頭が禿げていて、時々「フン！」という大きな声を出し、海に行きたくなると大水を出すものだ。

一、石狩川の河童は男も女もあるが、どっちも頭が禿げていて、男河童は人間の女に憑き、女河童は人間の男を籠絡させようとするが、時にはよい人間の味方もする存在である。

一、昔旭川の近文にいた河童が人間のところに入婿したため、石狩川では豊漁がつづいたが、毎年水死人が出るので河童の仕業とわかり、河童は追われて日高の染退川《しぶちゃり》（現静内川）に移った。

一、日高静内町の染退川の上流に、十二、三歳くらいの子供のような河童がいた。そのためこの川には不漁がなかったが、必ず毎年一人か二人の水死人が出るので、老人たちが酒をあげて新冠川に移ったもらった。ここの河童は緑色をしたカメのような肌をし、頭が平たく、髪が生えているが水はたまっていない。紫尻の人間をよく狙うというが、河童は人をつかむとくすぐるので、河童につかまれたものは笑いながら水に沈むという。

一、日高新冠の川口に判官館という大きな岩の切岸があって、その下の深みに河童がいるといわれていた。そこには箕の形をした岩と舟の形をした岩があり、その岩が水から上に姿を現わすと、必ずその年に水死人が出るといわれた。

一、昔、ある酋長が山猟に出かける留守の間の、薪を用意するためにハンノキの林に行き、切った薪を背負って立ちあがろうとしたが重くて立ちあがれない。そこで「こんなとき河童が来て助けてくれないかな」と口走ると、忽然異形の者が現われて酋長を助け起こしてくれた。酋長はその河童を家に誘って客座に招じてもてなし、煙草を吸うと急に睡気に襲われて寝込んでしまった。すると河童が「早く村中の者を集めろ」といって酋長を起こしたので、酋長はあわてて村人を集めたが、皆河童の姿を見ると睡くなり寝込んでしまった。しばらくすると遠くで雷のような響がして地震のように揺れ動き、闇の奥からは集まらなかった女子供や老人の悲鳴が聞こえた。やがて雷鳴も地震も悲鳴もやんだが、酋長のうちに集まったものは睡りつづけていた。すると夢の中に河童が現われて、「私はこの村のハンノキ原を守るために天からおろされた河童神《ニントチカムイ》であるが、今夜夜襲のあることがわかったので、難をさけさせるために酋長の荷物を重くしたりして、皆をここに集めたのだ。これから何かあったときはこれを魔除けにするがよい」といって金の煙草入を置いて姿を消した。酋長はそれを大事にしたので部落は栄え、平和が続いた。

一、鵡川地方には昔は河童がいなかったが、十勝の水源に水の神ワッカウシカムイと一緒に天上からおろされたので、十勝には沢山いて、ミントチカムイといっていたが、次第にそれが日高にも来るようになった。背丈は三歳くらいの子供程度で、頭には毛がなくて男と女とがあり、足跡は鎌の形をしている。あるとき鵡川のエキサラという沼縁を、子供連れの女の人が通っていると、急に河童が現われて女の手から子供を攫って逃げだした。するとその前に一人の神様が立ちはだかって「この碌でなし」と叱りつけたので、びっくりした河童は子供を離して沼に飛び込んだ。この河童を叱ったのはニラシキウシというところにいる狐の神であったので、それ以後祭事にはこの神に必ず酒をあげるようになった。

海漁

海に出かけるときは前の晩にすっかり日が落ちて、カラスがいなくなってから（カラスが祈りをきくと漁の邪魔をするから）、火の神を通じて入江や獲物を獲らせてくれる神に祈り、川の丸木舟とちがって幅の広い、板で波よけをつけたイタオマチプ（板をつけた舟）を車櫓で漕いで行く。舟には季節によるそれぞれの獲物を獲る道具をそろえて行き、水鳥の群れる状態などによって、どんな海獣がいるか、どんな魚が群れているかを知り漁具を整備するのである。

獲物を獲って帰るとき、小魚のときはやらないが、カジキマグロや海獣など大きな獲物の場合は、亀を獲ったときのように陸に向かって、獲物のあったことを知らせるので、陸ではコタン中の人たちが海浜に出て、

フンペ　ヤンナ（獲物があがった）

オノンノ（うれしいな）

といって歌い踊る。フンペは普通クジラのことをいうが、元来フンペとはフンと音を出すものの意で、沖で獲った大きな獲物は何でもフンペと呼んでいる。

サメ

サメはアイヌ語でもシャメまたはサメと呼んでいる。たまに俗にチカザメ（和名不明）というのをオンネチェプ（老大魚）と呼んだり、ネズミザメをヘラシマ・チェプ（光る魚）、オナガザメをイペサルコルペ（人を喰う尾を持つ者）などと呼ぶこともある。

積極的にこれを獲るということはあまりなく、むしろ海の守神として祀るものといった存在であったようである。内浦湾地方ではとくにこの神に助けられたことがあったらしく、つぎのような伝説がある。

室蘭の絵鞆《エトモ》部落《コタン》にいた兄妹が生活が苦しいので、内浦湾の対岸に移ろうとして舟を漕ぎ出したところ、駒ヶ岳が爆発し、噴出した軽石が一面に海に浮かんだため、舟を進めることができなくなった。そこで兄が守神のサメ神に祈願したところ、海の底からムクムクと浮かびあがって来たものが、舟をかつぐようにして走り出した。あまりその速力が早いので女たちがおそれをなしたので、もっと静かに走ってくれるようにたのむと、こんどはおとなしい神が肩がわりをしてくれて、無事に現在の国縫《くんぬい》と黒岩との間に着き、その人たちの子孫がこの付近にひろがった。

この伝説の速力の早いサメ神はシアチャンクル（一番兄のサメ）とか、レプンコル・カムイ（沖を支配する神）という気の荒い神で、うっかりしていると舟などをこわされるので、沖に漁に出るときには前もって酒や木幣をあげて祈願する。二番目のおとなしい神はモアチャンクル（二番目のサメ）とか、ヤンケソッキコロ・カムイ（浜に近く寝床を持つ神）ともいい、春の祭のときにはどちらも海の神として大事に祀られるが、この神々のサメはどれをさすものかはっきりしない。

胆振の虻田部落《コタン》ではチカザメを獲ると木幣をつけて海浜の祭壇におさめ、その歯牙は長老たちの冠につけて守神にした。また八雲部落《コタン》の古老の話では、サメを獲るときには舟で追って先にまわり、口の縁が赤いものは気の荒いサメだから突かず、口の縁が白いものであればどんなに大きくともおとなしいから突いたという。なおサメを突くにはサメ・ペラオプ（サメの箆槍）というのを使う。サメを一尾獲ると冬中使ってもあまるほどの油がとれたという。

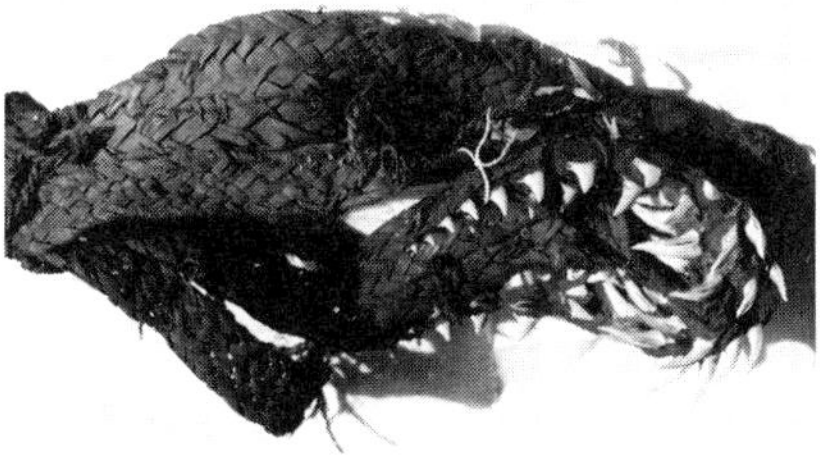
サメの歯をつけた冠（虻田）

沖でマンボウなどを獲って解体していると、青光りする目をしたサメが集まって来る。これはピユッキ・サメという人喰いザメで、うっかり舟の中に立っていると舟をとび越えて人を襲うことがあるから、気をつけろと注意されたという。

近年になってからの話だと思うが、宗谷方面でナマコなどをとりに海に行くときは、弁当に梅干を入れて行くとサメは梅干が好きなので近くに寄ってくるから、サメの嫌いな生味噌を持って行くようにいわれたという。また理由はよくわからないが、熊送りのときに熊に供える油飯には、サメの油を入れたものを供えてはいけないといわれたという。

カジキマグロ

日高の沙流川筋に伝わる女の神話につぎのようなものがある。

私（カジキマグロ）が凪の海の上に浮かんでいると、文化神のオキクルミとサマユンクルの二人が舟に乗って来て、銛を投げつけてよこした。私はそのまま簡易に死ぬのもいやなので、その銛を手で受け止めると、そのまま近くの海から遠くの海、遠くの海から近くの海へとつっぱしった。オキクルミたちは舟の中にしゃがみ込み、掌に二つも三つも血豆ができすっかり疲れ果ててしまった。オキクルミたちは怒りの色を顔に現わして、この碌でなしのマグロ、根性悪のマグロ奴が、おとなしく人間のところに来れば、大好きな木幣でも団子でも山のように貰えるのに、根性が悪いばっかりに、お前はこれから死んで沙流川の川口に寄り揚るだろう。お前の身体に刺さっている銛の柄はシウリでつくっているし、銛の刃先は骨でつくられているから、お前の腹の中では骨を削る音がし、身体の先にはシウリの林ができ、銛についている紐はシナ皮だからシナノキも生え、紐尻はイラクサでできているからイラクサ原も出来るだろう。そこへ山からカラスが来て啄いたりひっかいたりし、山犬も来て散々お前を食い荒らした上に、小便や糞をたれかけるだろう。人間のところに神として来たら大事にされるのに、根性が悪いばかりに、私のいう通りになってしまうだろう」と罵りながら、銛の縄を切り離した。

私はたかが人間のいうことなど本当にあってたまるかとせせら笑って、方向を変えてゆっくり泳いでいた。ところがどうしたことか自分の考えの裏と表とがひっくり返るようになり、身体が次第に動かなくなって、気がついてみると芥と一緒に沙流川の川口に寄り揚って死んでいた。するとと山からカラスや山犬がおりて来て、散々私を食い散らかし、私の上に小便をかけ糞をたれちらかし、そのうちに私の身体の中で鉄と骨を削る音がやかましくきこえてきた。そこへオキクルミとサマユンクルとが来て「おお、いいざまだ、根性が悪いばっかりに小便をかけられ、糞まみれになった自分をほめていることだろう。今に土と一緒に腐ってしまって、さぞたのしいことだろうよ」といって行ってしまった。とカジキマグロが自分で自分の身上を物語った。

この神謡がトドの神謡と全く同じであるのは、この二つの海の生きものはどちらも大事な獲物であり、どちらも昔の丸木舟と銛をもって仕止めるには、随分苦しい思いをさせられたからである。この神謡はおとなしく人間のところへ賓客（獲物）として来れば、神として鄭重に歓待するが、人間の意志に叛くと芥と共につまらない死に方をするぞと、獲物にさとす祈りであったともみるべきであろう。

カジキマグロのいるところは、もう高山の頂きも見えない遙か沖合で、そこはレブン・ソッキ（沖合の寝床）とも、シリカップ・ソッキ（カジキマグロの寝床）ともいわれている。そこに出かけるには真夜中に、火の神に頼んで舟を出し、舟の中で木幣を削って、沖を支配するレブンソッキコロ・カムイに祈願をする。なかなかカジキが姿をあらわさないときには、

「早く　早く　目をさまして海の底をはなれ、潮の上に浮かんでおいで、立派な木幣をどっさり

あげるから……」

と呼びかけると海の上に姿をあらわす。この魚は速力が速いので、これを追う舟は特別に速力のでるように、軽く、舟の艫の底の部分を広目につくったという。これで魚を追って先にまわり、魚の正面から舟を進めると、魚が驚いて方向を変え、側面を見せる。そのときに銛を投げつけるのであるが、その距離は三、四十メートルであったという。

銛を打ち込まれても海にもぐってあばれたり、そうでなくとも血の臭いをかぎつけてシャチが集まって来て、背鰭で銛の綱を切ることがある。そんなときには綱を伸ばしながら魔除けに使うイケマ（ガカイモ科の蔓草）の根を噛んで吹きつけ、「元気にまかせて底にもぐってあばれるものでないよ、早くおとなしくあがっておいで、私の村に来て皆の食糧になると、立派な神様としてどっさり木幣をもらえるんだよ」とさとすように声をかける。たんなる魚という食糧ではなく、人間の言葉を聞きわける神性をもった存在なのである。

これを獲る銛はシリカップ・キテ（カジキマグロ銛）という、クジラなどの銛より大形のものである。クジラなどの繊維のある肉質をもった獲物に使う銛は小形で、尾端が鋭く尖っている方が効果的であるが、魚の肉は柔らかくて繊維がないので、小形で鋭い銛では切れて抜けるおそれがある。そのため大形で尾端が平らなものでなければならないのである。

この魚を獲ると沖で解体して、舟の舳先に長い吻のある頭の下顎を先に向けて立てる。これに銛のついた綱を輪にしてかけ、それに欠木幣《チメシユ・イナウ》をつけ、銛の柄の先にかぶりものなどをつけて、陸からで

カジキマグロの頭（白老）

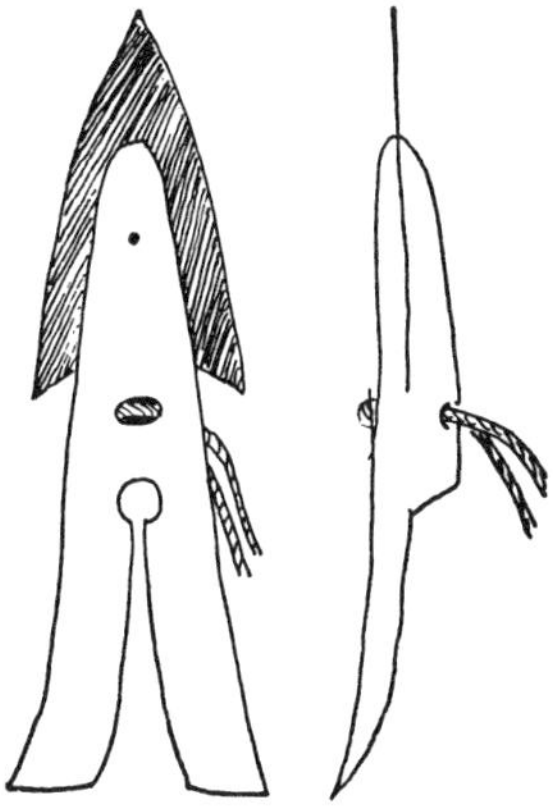

カジキマグロを突く銛先
肉が柔らかなので，マンボウを突く銛先のように尻が尖ったものでは，肉が切れて逃げられてしまう。

もシリカップを獲ったことがわかるようにする。海岸では村人がハマニンニクやイタドリを刈って祭壇の前に敷き、その上に獲物をあげて報告をする。頭の肉は小さく切って山狩りの祭壇と海漁の祭壇にもあげ、それが終わってから大事な神々の出入りする神窓から家の中に招じ入れる。海の生物でこの神窓から入れられるのは、この魚とカメだけである。

吻《ハイ》は翌日頭からはずして木幣をつけ、乾しておいて銛や縫針の材料にしたというが、昔は砦の防塞の逆木に使ったともいう。沙流川筋平取のハヨピラという崖は、文化神がこの魚の吻で砦の防塞をつくったので、吻のある崖《ハイオピラ》と呼んだという伝説がある。

頭の皮は乾して冬の食糧にしたし、鰭や尾と胴との間などは細かく刻んで脳漿などを混ぜ、サケやマスの鰭や鰓蓋を刻んだのに内臓などを混ぜたチタタプ（われわれが刻み刻みしたもの）と同じようにして生食した。他の腸や鰭、頸骨、眼窩の脂肪は村中に分配したりもした。あまった肉の裂いたのや尾とか鰭、チヌヌカプ（われわれの大事にするもの）と呼ぶ頭の皮などは、炉の上につるし、ヨモギで燻した。

カジキの漁期は土用に入ってホタルの飛ぶころである。ホタルが低く飛ぶときはカジキが陸に近く寄るときで、高いと遠くにいるともいう。またどういうわけかオカトラノオのことをシリカップ・キナ（カジキマグロ草）といって、この草の伸びのよい年は沢山獲れるともいったという。

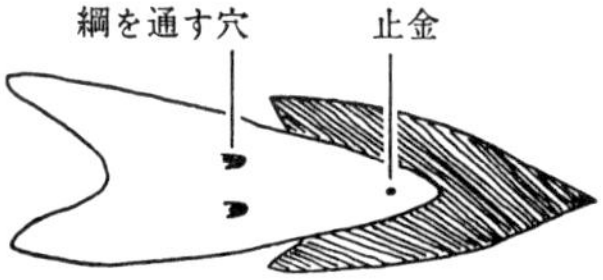

マグロ，ブリ類を突く銛先
刃先は古鋸などの鋼鉄，胴体はクジラの骨でつくられている。

マグロ

シピ、シンピ、またホクシ・チェプ（仆れる魚）なども呼び、また大きさによってポンシピ（小マグロ）、ポロシピ（大マグロ）などとも呼んでいる。お盆の頃大群をなしてくることがあったといい、ブリなどと同じ中形の銛で突いて獲り、尾を切って削りかけをつけた木幣のような棒にさし、海獣などを祀る海浜の祭壇に立てる。

内浦湾の長万部《おしやまんべ》では熊を獲る毒矢をつくるとき、トリカブトの毒にマグロの胆汁を混ぜる。これを混ぜると毒性が強くなるけれども、この毒をつけた矢にあたった熊の関節には水がたまって、関節がぬけることがあるといわれている。

ブリ

釧路地方ではコイコッチ（知里辞典ではコイ・コㇽで浪を持つの意とある）、日高静内ではコイヤンケ（浪があげる？）とか、コアンチェプ（コイアン・チェプで浪がさずける魚の意か）、内浦湾の八雲ではエスロッキ（？）と呼ぶ。

八雲できいた話ではマグロと同じくお盆頃に大群をなして来て、一町四方も大集団をつくることがあるという。マグロと同じ銛で突いて獲り、肉は薄く切って乾して貯蔵したりした。尾はやはりマグロと同じように削りかけのついた棒に刺して、海浜祭壇《ビシュンヌサ》に立てた。

マンボウ

一般にキナポと呼ぶが、日高から東の地方ではむしろヘパルプと呼ぶ。どちらの意味もはっきりしない。尾にコンブやカキなどをつけていることがあるというから、キナポは小さな草《キナ》と関係があるかもしれないが、日本語だともいわれている。釧路ではエパルッといい、オホーツク海岸ではキナップという。

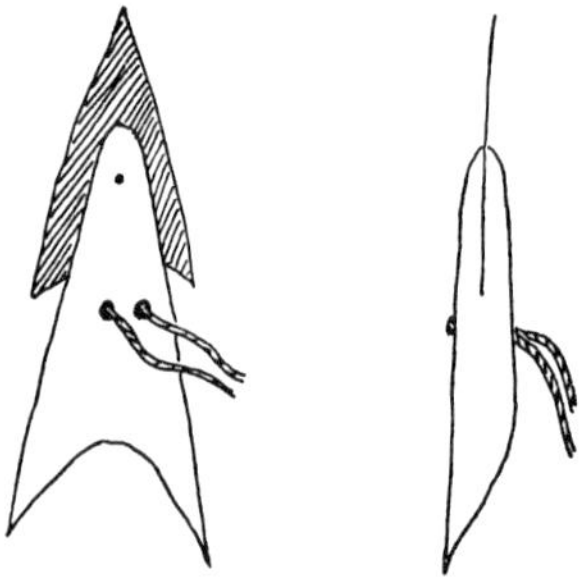

マンボウを突く銛先
肉が硬いので，刺さってすぐ横になるように尻が鋭く尖っている．

この平たく大きい団扇太鼓のような魚は、夏七月末から九月はじめの天気のいいときは海面に浮きあがって、のんびりと昼寝をしているので、そこに銛をうつ。しかし平たい魚だから場所を選んで、背鰭のところか尾鰭の下のところを狙って突かないと、水の抵抗があって引きあげるのになかなか骨がおれる。

この魚は肉が硬いので、銛は肉に刺さったら直ぐに横になるように、尻を鋭く尖らせておく。銛の先に煙草のヤニをつけて打ち込むと直ぐに浮かんでくるという。

もし沖に行ってもマンボウの姿の見えないときは、砂地の海底にいるのを呼びあげる。

muri muri muri muri　（砂底を離れて）
cyu pusu cyu pusu　（潮にうかべ　潮にうかべ）

また銛を打っても底にもぐってなかなかあがってこないときは、舟の中にたまったきたない水を、銛の綱にかけてやりながら、

tan wen wakka　（このきたない水を）
iko yanke an na　（一緒にやるから）
e kor kiroru　（お前のもつ力を）

りしてなだめすかす。

e tekki masi ki no　（お前の手にあまり）

kiroru sat no　（力をいれずに）

enkore　（たのむ）

という。また、もし来たら木幣も酒もどっさりやって大事にするから、おとなしく来てくれといった

友舟がいるときは、浮かびあがったら友舟からも銛を打ち込んで両方で引張り、一人がマンボウの上にあがって、肉や腹の中から腸や肝臓をとって、耳のところに欠木幣《チメシユ・イナウ》をつけて、「神様の木幣をやるから、生まれ変わって沢山でやっておいで」といって海に流し、特別に神送りはしない。この魚は内臓をとられて肉がなくなっても、眼をパチパチ動かしているので化物だというところもある。

肝臓は普通ラというが、マンボウの場合はキナポ・シュム（マンボウの脂肪）といって、一尾獲ると昔の二斗樽に一杯になるほど油がとれた。肉や腸は煮て刻んで乾すと、脂肪分がないので直ぐに乾く。これを冬の間の食糧として貯蔵しておき、油をつけて食べた。

内浦湾の虻田部落《コタン》ではこれを獲ると、血のかたまりを舟の舳先に塗って感謝の意を表した。

ニシン

ニシンとウグイとがどっちが早く川に入るか競走したら、ウグイが先に川に入ったので、悔しが

ったニシンは後からウグイを弓で射た。その矢が皆ウグイに刺さったので、ウグイの尾の方には矢骨《アイポネ》という骨が多いのだ。尻を射られて腹をたてたウグイは、後から来るニシンに応戦して矢を放ったのでそれがニシンの頭に刺さった。それでニシンは頭に骨が多いのだ。

これは天塩川筋に伝わる昔話である。

ニシンは日高、担振地方ではヘロキといい、オホーツク海岸や日本海ではエロキといったが、ニシンの本場である日本海では最も大事な魚としてカムイ・チェプ（神魚）とも呼んだ。積丹半島にはヘロカルウシ（ニシンをいつもとるところの意で、群来村《くきむら》などと訳したりもしている）というところがあるが、こうした地名は各地に残っていて、昔そうしたところでは、太平洋岸で秋にサケやシシャモの溯るときに神魚迎えの秋祭をしたと同じように、パイカラ・カムイノミ（春祭）をしてニシンの群来をひたすら待った。

とどろふの木を伐て枝ながら岩の出崎におし立て、為那乎《キナヲ》とて、木を麻苧の糸のやうにけづりて、ゆふ（木綿）のごとくとりかけたるは、鯡の魚多からんことを、このいそべなる神にいのりて、夷人《アキノ》どもの、春のはじめごとに手向けるとなん。福山にすめる杉田晴安がアキノ詞もて、「タンパ《此年》、アナキネ《旧歳》、ヘロキ《鯡》、イロンネ、ヰナヲ《幣》シリ《磯》、シキシヤモ《和人》、アキノ《夷》、カモキ《神》、レンガイ《随意》」となんよみたるとかたりしは、このところにこそありつれ。

これは寛政二（一七九〇）年紀行家菅江真澄が日本海岸熊石（檜山熊石町）付近で見聞した、ニシン迎えの春祭の記述である。この春の祭は内浦湾でもニシンの寄せる虻田や八雲で行なわれた。

また前田夏蔭という人の編纂した『千島志料』という本に、

シカベと称する黒き大鳥春は海辺に来る。此鳥と鷗多きを見て鯡漁の多少を占ふと云。

とある。シカベとはアホウドリのことで、これやカモメが多いのはニシン豊漁の前兆であるとしてわきたったのである。

宗谷地方で神憑《ドス》りをする者は、ササを五本ずつ束ねた手草を炉のまわりに飾って、ニシンの来る日数を占ったりしたが、内浦湾ではヘロキ・ウパシ（ニシン雪）といって、八雲のサランベ岳という山の沢と、洞爺湖畔の南岸の沢に消え残るニシン形の雪の形によって、ニシンの接岸する季節のめやすにした。また春に降る雪をヘロキカクルント・ウパシ（ニシンの上にかげになる雪）と呼ぶところもある。

ニシンが寄ってくるとそれを追ってクジラが来たり、八雲地方では冬に来る冬鯡とか山越鯡と呼ばれるニシンを追って、オットセイがやって来るので、ニシンはそれらの大きな海獣を呼び寄せる役目もしたのである。

宗谷地方の子供はニシンの乾した頭を口に当てて、「コイセ　ドド、コイセ　ドド」といってキジバトの啼真似をして遊んだという。この鳥は昔の生活と深いかかわりがあったので、何かの理由があったのかもしれない。

タラ類

マダラは一般にエレクシと呼ぶが、日高の一部ではヘレクシと呼ぶところもある。初冬の頃に釣り、脂肪分が少ないので、カスベやワラズカなどのように乾しておいて、産婦の食料として叩いて熱湯を通して食べさせたという。スケトウダラと同じようにルイベにもして食べた。

旭川に近い比布《ぴっぷ》というところのドッショという山に洞窟があり、二人の老人がムジナを追って行ったところ、その洞窟に逃げ込まれてしまった。老人たちがぼんやりしていると、中からムジナがでてきて、そのあとから弓を持った男が飛び出して来てキョロキョロしていたが、またその洞窟に入って行った。そこで老人たちも洞窟に入って行くと穴が次第に狭くなり、そこを通り越すと明るくなって、山や川があり、ムジナも魚も沢山にいるよいコタンがあらわれた。タラも沢山つるして乾してあり、犬がしきりに二人に吠えついてきたが、そこにいる人たちは老人たちの姿が見えないらしく、あまりに犬が吠えるので、「化物が来たのではないか、ボロを燻して魔除けをしろ」といって、ボロ布に火をつけて燻した。老人たちが帰ろうとすると、莫迦に着物が重い。よく見ると、着物の裾に沢山の人間がぶらさがっていたので、それをとっては投げとっては投げ、もとの穴からやっと外に出た。外に出てから一人の老人はいい部落《コタン》だといい、もう一人はいやな村だと反対したが、好きだといった老人は間もなく死んでしまい、嫌いだといった老人はいつまでも永生きをした。

これは北海道各地に伝わる地獄穴伝説である。昔は洞窟に生活し死ぬとそこに埋葬したらしく、その遺跡ものこされているが、洞窟の奥にあの世があるという伝説はそんなところから生まれたものであろう。この伝説にあるように、死者はあの世でもムジナやタラをとって生活していると考えられていたらしい。それほどタラは昔の豊富で大事な食糧だったのであろう。

スケトウダラは老人のように痩せているからか、エレクシ・ケウシュッ（タラの叔父さん）と呼ぶところが多いが、釧路地方ではカムイ・エレクシ（神タラ）といったり、サモルン・エレクシ（隣の国、すなわち本州のタラ）とか、スンケチ・エレクシ（痩せているタラ）と呼んだりしている。

タラの仲間というよりも子供のようなコマイは、太平洋戦争中すべての魚が統制されたときも、魚の仲間に入らなかったほど下賤な魚とされていた。松浦武四郎の『納紗布日誌』によれば、コマイとは「東蝦夷方言」とあり、元来北海道アイヌ語であったようであるが、オホーツク海岸では樺太《サハリン》アイヌ名のカンカイと呼んでいるので、コマイが日本語でアイヌ語ではカンカイであるかとも思われる。なお大きいのをオオマイ、中位がコマイで、小さいのをゴタッペと呼んでいる。『納紗布日誌』には「肉白くして、大サ五六寸位、初夏より秋までとる也」とあるが、むしろ冬に凍った海に穴をあけて釣ったので、氷下魚と書いたりした。昔は凍らせておいて焚火でとかし、ルイベにして常食にした。

カレイ類

カレイを総称してサマンペ（横になっているもの）というが、タンタカとも呼んで、この名前はどちらも女陰を表現する言葉として使われている。この魚の形から連想したものである。

フグが火を焚きつけようとして腹に力を入れて吹いているのを見て、カジカがげらげら笑ったら、カレイがそんなに笑うなとカジカをたしなめて目をパチパチさせたので、カレイの目はあんなに片方に寄ってしまったという小咄は、カワカジカのところで述べたが、目の片寄った人のことをサマンペと呼んだりする。

アカガレイをニナ・アチャ（ヒラメの叔父さん）と呼ぶところがある。

イロンネ・サマンペ（身の厚いカレイ）と呼ぶのは、白老ではアサバガレイであるが、虻田や幌別ではクロガシラのことである。

スオロコニン（鍋に入れると肉がとけてしまう）というのはアブラガレイのことで、スオロコン、スオロペネ、ソロコウネなど色々にいわれているが、いずれも煮ると肉がとけるということで、これは凍らせてルイベにするとよい。

スマコタ・サマンペ（石を着たカレイ）というのは、イシガレイとかイシモチというカレイで、カシケ・ウェン（〈石がついていて〉表面が悪い）ともいい、洪水になると川にのぼることがあるという。

ペトルン・サマンペ（川にいるカレイ）はカワガレイのことである。他のカレイとは反対の方に目があるので、オヤウトロコロ（反対側に持っている）とか、別にモユク・サマンペ（ムジナ・カレイ）などともいわれている。

サメガレイをアイヌ・サマンペとか、アイヌ・タンタカ（いずれも棘を持つカレイ）という。

スナガレイをサラポキ・シウニン（尾の下が黄色い）とか、たんにサラポキとだけ呼ぶところもある。

ソナハチはカパル・サマンペ（身の薄いカレイ）とかオクトイという。

ヤナギガレイはオタシュイコロ（砂に穴を持つ）とか、体にぬるぬるした汁があるのでルロコイ（汁がある）などとも呼ばれている。

ババガレイはなぜかムン（草）といったり、ムン・サマンペ（草ガレイ）とかプタネ・サマンペ（ブタのようなカレイ）という。

マガレイは釧路地方ではヤナギガレイと同じようにルルコイと呼ぶというが、多くはクチモムネという。

タカノハはシ・サマンペ（本当のカレイ）とかシ・タンタカ、あるいはたんにタンタカともいう。

釧路白糠の山奥にタンタカ・ヌプリと呼ぶ山がある。津波のときカレイがこの山まであがったというような伝説があるが詳らかでない。

内浦湾の長戸部《おしやまんべ》と黒松内との境に写万部《しやまんべ》山という小山があり、この山の春雪がとけてカレイ形の残雪が残ったのをウパシ・シャマンペ（雪カレイ）といっている。それが見えるようになるとカレイが釣れるようになるといい伝えられている。

カレイはニシンを餌にして釣るが、餌に触っていながらなかなか食いつかないときには、八雲では舟の底を踏みつけながら、

「先に釣ったのが舟の底に踏みつけられたのが恐ろしくて、食いたいものも食わずにそっぽを向いているのか、悪口をいわれて腹がたったら、オレの腕が折れるほど大きい奴が食いついてみろ、糸を切るほど引っぱってみろ、釣針も折ってみろ、早く、早く、早く」

という。そうするとカレイはあわてて餌に食いつくものだという。

ヒラメ／オヒョウ

カレイの仲間であるがヒラメは一般にニナと呼ぶ。大きいのをとくにテックイ・ニナと呼んだり、シ・タンタカ（本当のカレイ）と呼んだりするところもある。

沙流川筋平取町の荷菜《ニナコタン》部落は、ヒラメが津波におしあげられたところから名付けられたのであるというい伝えがある。

オヒョウは胆振や日高ではヘペウといい、釧路地方やオホーツク海岸ではエペウといっている。

オヒョウを釣るには大きな釣針か針金を曲げたものに、小さなマスかニシンを一尾まつけ、釣針を海の底から十五、六センチ離れたところに浮かせ、釣糸を細いシナ皮で舟の縁にとめておく。オヒ

ョウが餌に食いついて引くとシナ皮が切れて、釣糸が引かれて行き、止まったときにソロソロと糸をたぐって引き揚げて銛で突き、鉤で鰓のところを引っかけて舟の中に入れる。

案外悪食な魚で、魚の餌でなくともウバユリの鱗茎でも釣れるものだという。他のカレイと同じように、餌に触ってもなかなか食いつかないときは「サマンペ・ノッケウ（女陰顎）」とか「チェヘ・ノッケウ（男根顎）」などと悪口をいうと、むくむくと腹をたてていきなり餌に食いついてくるという、純情さももっている。

ぬれても柔らかくならないように，尖らせた先を焼いておく．

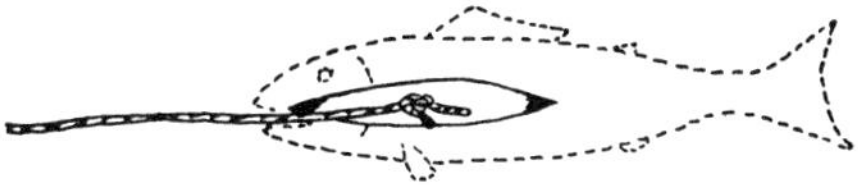

餌の小魚に真直ぐに刺し込む．紐をひくと直角になってひっかかる．

釧路の遠矢というところは、それほど古くない時代まで海であったところで、ここの酋長と対岸の部落《コタン》の酋長とは大の仲良しであった。二人は互いに海にオヒョウをとりに行くときは、舟縁を叩いて知らせ合って漁に出かけたが、舟縁を叩いても相手に聞こえない風向きのときは、海が時化《しけ》る天気配置なので、行くのを見合わせたという。この酋長たちの使った釣針は曲ったものではなく、十センチほどのハシドイかノリノキの木の両端を削って尖らせた先を火で焦がし、真中に穴をあけてイラクサの釣糸を通したものである。その木を餌にする小魚（小さなマスかニシン）の口から差し込み、それをオヒョウが充分に呑み込んだところで釣糸を引くと、小魚の中の尖った木が横になって胃袋の中に引っかかり、いくらオヒョウがあばれても逃げられなくなる。

この魚は骨から肉をはなして乾燥させ、冬の保存食糧として貯蔵しておき、食べるときには玄能で叩いて砕き、ぬるま湯につけて塩味をつけ、トロロコンブやギョウジャニンニク、アザラシの油などを入れて食べた。

どうしてかこの魚の肝臓を食べると頭の毛が脱け、手の皮もむけるという。

オヒョウの口のところは乾しておいて、漁が終わるとそれを海に持って行き、生き返ることを願って海に流した。

カジカ類

日本では地震が起きるのはナマズが動くからであるといい、コタンでは国造神がうっかり大アメマスの上に島をつくったからであるといわれているが、胆振の虻田にはカジカが地震を起こすという言い伝えがある。この魚は海や川ばかりでなく土の底にも、天上の天の川にも棲んでいて、天の川にいるカジカは毎日カラスばかりを餌にしているが、カラスがなくなると怒ってあばれるので大地震になるというのである。また土の底に棲んでいるという大カジカはその名をモシリコロ・エッケウ・チェプ(島を支配する腰骨魚)といい、これがあばれても地震になるとされている。だから地震が起こったら火箸を炉の中に刺して、「あんまりあばれると腰に刺さるぞ」といっておどすとおとなしくなるという。

この魚は陸に釣りあげられても、あまり続けてあばれることはないが、時々思いだしたように大あばれをするので、そのことから連想されたもののようである。

総称としてはチマカニと呼ばれているが、オホーツク海岸ではオヒョウと同じようにエペウとも呼ぶことがあるという。

なお、カジカ類を区別して呼ぶ場合のアイヌ名はつぎの通りである。

一、俗にナベコワシと呼ぶヤリカジカは、レポ・ユㇰ（沖にいる獲物）とかオタ・チマカニ（砂カジカ）。

一、一般にトウベツカジカというのがナヌウェン・チマカニ（顔のみっともないカジカ）。

一、キラウㇱ・チマカニ（角のあるカジカ）とかチポロケショ（筋子のような斑点がある）というのはオニカジカ。

一、フレ・チマカニ（赤いカジカ）というのはギスカジカ。

一、ケシュンケシュン（斑点だらけ）というのはツマグロカジカ。

一、チコㇽチェプ（陰茎をもっている魚）というのはベロカジカ。

昔、漁場が忙しくて毎日毎晩休む隙なく労働にかりたてられると、こっそり野獣のテンの頭に祈って大時化《しけ》を呼ぶということが行なわれたが、胆振鵡川では海の神や魚と話のできる占いの上手な人が、ナヌウェン・エソッカパ（みっともないカジカ）という、俗にドンベカジカというのを、波打ち際から四、五十メートル離れた陸の砂にうずめて、「ここまで波を呼んで海に帰りな、そうでないとお前はくさって土になってしまうぞ」というと大時化《しけ》になったという。

この魚は裂いて頭と中骨と肉にして乾して置き、フキなどと一緒に煮て食糧にした。

アカエイ

内浦湾付近では、熊を求めて山歩きするときに持って歩く山歩きの杖に、いつでも毒のあるアカエイの尾の乾したものを取り付けて、毒槍の穂先にするために持って歩いた。この毒槍を使うと普通の槍はもちろん、弓の矢も刃物も刺さらない、松脂《まつやに》で身体を鎧のようにしている熊でも一たまりもなく仕留められるし、人を殺した熊などはその足跡にこの毒槍の穂先を刺しただけで死ぬともいわれている。盗人もその足跡にこれを刺されると動けなくなるというが、これを一代のうち三回以上使うと使った者に祟りがくるから、無闇に使うものではないと戒められてもいる。どこまで本当か知らないが好きな女性をなびかせるためにこれを使ったという話もある。

この恐ろしい毒をもつエイをアイコㇽ・チェプ（棘を持つ魚）とか、アイヌ・フッタㇷ゚（棘を持つエイ）と呼んでいる。この魚はおいしいものであるとされ、宗谷地方の昔話によると、「稚内の声問《こえとい》の沼の主はアカエイで、ある年コタンに食糧のなくなったとき、沼の上にアカエイが腹を上にして浮かび、腹の中の脂肪を村の長老にさずけてくれた。この脂肪によって食糧難を免れることができたので、長老はそれをもらったあとに木を削った木幣をどっさりつめてお礼をした」などという昔話が伝えられている。しかし内浦湾方面では海でこれを見るとあわてて逃げ帰ったものだともいう。

カスベ

日高の沙流谷や新冠の奥にウッタプ（カスベ）という地名があり、津波のときにカスベが押しあげられたという伝説がある。

一般にウッタプというが、胆振地方ではカスンペともいい、タラやワラズカと同じように脂肪分がないので、乾したものを叩いて煮えたったお湯に通し、アザミなどの野草の煮たものを混ぜて産婦の食べものにしたという。

アブラコ

アイナメのことで、アイヌ語ではシリポク（岩の下）というが、日高ではルマイペと呼んでいる。樺太《サハリン》ではホマ・ポロ（卵巣が大きい）と呼んでいると知里辞典に見えている。

ソイ

ソイとは北海道方言で、正しくはキツネメバルというのであるというが、本来ソイはアイヌ語のようである。オホーツク海岸では流氷が寄せてくると、氷の上に押しあげられたりしてくるのを拾う程度で、特別の漁法もなかったようである。クロゾイもソイ以外に名がないが、シマゾイはシウニンソイ（黄色いソイ）といっている。

エゾメバル

北海道では一般にガヤと呼ばれている雑魚であるが、知里辞典には「ぱチンカル」とか「ぱッチンカル」というとある。しかしその意味は不明である。

メヌキダイ

胆振や釧路地方ではフレ・チェプ（赤い魚）といい、釧路では凍らせてルイベにするのが最も美味であるといわれている。意味は不明であるが、染退川（現静内川）の奥ではサンガと呼んでいる。

キンキン

本名キチジ。キンキンはアイヌ語らしく、日高や胆振ではこれが方言の呼び名になっているが、釧路ではメイメイセンと呼んでいる。フレ・ソイ（赤ゾイ）というところもある。

以上のようにカサゴ科の魚族は全部ソイの仲間としている。

イワシ

イワシはアイヌ語でもイワシというところが多い。ナナツボシを白老ではノチウ・ピッキ（星を数える）と呼んだりしている。

オイナ神が酒を造っている間に turesi（原義「妹」、実は「妻」）と寝た。するとその酒はしくじって tonru（ドロドロのもの）になった。その樽を海へ持って行ってあけたらイワシになった。それゆえ iyahunke する（酒をかきまわす）人は妻と寝るものでないと（（ホロベツ））。（知里真志保『分類アイヌ語辞典』動物篇、一二頁）

濁り酒をあけたほど海の水をゴチャゴチャにして、海岸に寄せたからであろう。小さな手籠で掬いあげられるほど押しよせて、始末にこまるほどであったという。

ボラ

モコリリ、モコリペ（眠る魚）などと呼ぶのは、この魚のふだんの習性から生まれた名であろう。

ヤツメウナギと同じくヌクリペ（嫌いなもの）というところもあるというが、これはモコリペの訛ったもののようである。

ハタハタ

この魚の当字に魚扁に雷（鱩）というのがあるが、シシャモと同じく、この魚が接岸する前ぶれのように雷が沖合で鳴るからであるという。

釧路地方ではこの魚が産卵するとき砂を掘って穴の中に卵を生むので、オタシュイコル（砂穴を持つ）という名で呼ばれているが、知里辞典によれば樺太《サハリン》ではパタパタといい、ブリコのことをヤン・チポル（寄りあがった卵）というとある。

タチウオ

イヌンベイベという魚は、形角くにて頭はさよりに似て身すき通り鱗なし、色は鼠色にてエトロフと云所の夷は是を喰ふ、トウフツと云所にもあり、此所の夷は不喰

これは文化四年宗谷場所詰の幕吏串原正峯の『夷諺俗話』の中にあるタチウオの記事である。イヌンペイペとは炉縁魚の意で、炉縁のように身体が四角で、火に炙られた方に反り返ってまがるところ

からつけられた名のようである。

サブロー

松浦武四郎の『納紗布日誌』の挿画の中に北洋産の魚族四種が描かれていて、その一種に、

アッケシ方言　チロシノイベ

唐太方言　イキシヤニチエッフ

背は甲の如し、尾尖りてかたく錐の如し、イキシヤニは錐、チエッフは魚のことなり

と解説されている。

チロシノイベとは熊送りのときの花矢を持つ魚という意味で、チロシネイペとも、チロシネチェプ（いずれも花矢のような魚の意）ともいう。樺太《サハリン》のイキシャニチェッフは錐魚の意であるが、日高ではアタネ・チェッポ（仙台蕉小魚《アタネ》）とも呼ぶ。仙台蕉の臭気は病魔が嫌うので、流行病のときにこの蕉を病魔除けに食べたが、この魚もハリセンボンやヤツメウナギと同じように、疱瘡が流行したりすると特徴のある醜怪な姿を、魔除けに用いたからのようである。

ハモ

和名ではマアナゴという。ハモとは胆振地方の海岸で呼ぶアイヌ名であるが、タンネチェッポ（長い小魚）とも、アドイ・ウクルㇽペ（海のウナギ）、レプン・ウクルㇺポ（沖の小ウナギ）ともいう。釧路地方ではオッコノイケ（銛の柄にからまる）という名でも呼ばれている。

フグ

火を焚きつけるために腹に力を入れ過ぎて腹がふくれ、カジカに笑われたという小咄に登場するフグが、ププという名前になっているのは、プープーとふくれるということからでたものである。内浦湾や日本海岸ではイルシカ・チェプ（腹をたてる魚）ともいっているが、北太平洋やオホーツク海では、イマクチェプとかイマコッチェプ（歯を持っている魚）と呼んでいる。

ハリセンボン

伊達市の有珠部落《コタン》で、近年まで窓にこの魚をぶらさげておく家があった。昔は疱瘡が流行するとこの魚の肉を煮て食べ、頭を削りかけで包んでとっておき、入口や窓にさげて病魔に対して睨みをきかせた。身体中に生えている針でおどしたもので、アイヌ名のイカリ・ププとは、われわれを刺すフグということである。八雲ではフンペ・コイキ（クジラいじめ）ともいって、この魚はクジラについて歩いて、潮を吹きに浮きあがったときにクジラにぶつかって針を刺すからだという。人間も時々この針に悩まされたので、疱瘡神の防禦にも利用したのであろう。

釧路やオホーツク海岸でカムイ・チェプ（神魚）と呼んだのも、病魔除けの力があったからであろう。

ワラズカ

和名をギンポというが、ワラズカとかカツナギという方が通りがよい。内浦湾でのアイヌ名はワランドカである。

『納紗布日誌』（松浦武四郎）によれば、

アツケシ方言　アイノクリベタ

クスリ方言　ヲツコノイペ

子モロ方言　タン子イヘ

とあり、その他虻田では雌雄で石の下の穴に入って産卵するのでスィコㇽ・チェプ（穴を持つ魚）などともいう。あまり骨が気にならないので、乾したものを臼でつき砕いて塩汁の中に入れて食べたり、油が少ないので産婦の食物などにもしたという。

トビウオ

日高、胆振の海岸ではラプシ・チェプ（羽のある魚）とかラプシケと呼び、十勝ではテㇽケ・チェプ（飛ぶ魚）と呼んだというが、コタンの生活と特別のかかわりあいはあまりなかったようだ。

チカ

北海道では湖でとれるのをワカサギと呼んでいる。アイヌ語ではトキカㇽ（?）、スムアッ・チェプ（油の多い魚）と呼ぶ。

ホタテ

ガガイモのことをハッケテㇰ（ホタテガイの貝殻）と呼ぶところがある。ガガイモの袋果の裂けた形がホタテガイの殻に似ているからである。ハッケはアッケで手のことであり、テㇰも手のことである。

貝殻が手を開いたような形をしているからである。アッケテㇰというところもある。ルオセイ（縞のある貝）とかセイコヤンケ（陸にくる貝）、セイヤンペ（貝で陸にあがる者）、サラキピュ（鵡川での呼び名）などと呼ぶところもある。

この貝の殻は鍋や皿として用いられたし、三本棒を組み合わせて立てた台にのせ、クジラの油を入れて祝宴の燈火をともしたりもした。また手術用の皿にもなり、入墨をするときには口唇に傷をつけてしたたる血を受ける皿に用いた。それで長万部辺ではサラ・カピ（皿の皮）と呼んだ。

この貝が日本海岸と奥尻島との間を往復するということを、松浦武四郎は『西蝦夷日誌』の寿都の項に安政三（一八五六）年のこととしてつぎのように記している。

> 又其冬の事なりしが、快晴の時、澳《おき》の方より海上一面に漣《さざなみ》の寄る如く見る故皆船出せし（ママ）て数多くの海扇《ほたてがい》が蓋を帆として走来り、最早岸三四丁と思ふ辺りにて海底に沈み、其よりして爰《ここ》にて又帆立漁を始めしに、頗る日々大漁をなしける也。脇乙名ムネトクの話しに、余子供の時、此処に帆立貝多く有しが、一日快時の時、蓋を帆として奥尻島江行、其後一ッの貝をも得ること無りしが、又此処に如レ此来るはと話したるに、其後奥尻の貝は無りしなりと聞り。

ホッキガイ

ホッキガイが波打ち際にいると、尻を振り振りカラスが寄って来て、首をかしげながら「姉さんあがっておいで、仲よく一緒に遊ぼう」といった。するとホッキガイは入口の戸を閉めながら、「私があがったら叔父さんは私の肉を食べてしまうでしょう」といったと。

何の屈託もないコタンの好日的風景である。時化《しけ》があったあと浜をひとまわりしただけで、食べきれないほど拾うことができた。これを乾しておいて貯蔵食糧にしたし、疱瘡などの流行のとき、腹をへらして人間を食いに来る病魔に「これをやるから他に行ってくれ」といって差し出す食糧の中にもこれを入れた。

多くポク・セイという。ポクは下の意であるが普通女陰をさす言葉である。トポと呼ぶこともあるし、鵡川ではドドレッポと呼んでいる。

アワビ

日高様似の山中で、汽車というものをまだ見たことがないという老婆に出逢ったことがある。住宅は小ざっぱりした木造建築であったが、その家の入口と窓のところに小さく切った熊の皮と熊の爪、それにアワビの殻とがつるしてあって、流行病が家に入らないようにするためだといっていた。流行病など悪い病気が近寄らないように、アワビやカラスガイの殻、イケマなどを入口や窓にさげることは旭川辺でもやるし、アワビの殻とハリセンボンをさげるということは虻田辺でも行なわれている魔除けである。しかしハリセンボンの針が魔物をおどかすことはわかるが、アワビやカラスガイの殻がなぜ除魔力をもつかについてはききもらしてしまった。

メヨとアワビの争いについてはオオバンヒザラガイのところで述べるが、アワビはいつも負けているし、他の民話でもあまり評判がよくない。胆振虻田に伝わるのはつぎのようなものである。

アワビはずるいもので、クラゲの留守中にそのおかみさんとねんごろになり、大談判《ウコチヤランケ》になった。ところがアワビは、ああでもないこうでもないといいのがれをした上に、いきなりクラゲをなぐりつけて、丘にあがって逃げてしまった。可哀相にそのためクラゲは体がぐにゃぐにゃになり、海の上をふらふらと流れるようになった。それでもアワビは恐ろしいので、クラゲのいるような海には住まないようになった。

例外なしにアイペと呼んでいる。昔話の中でアワビの評判が芳ばしくないのは、アワビのいない太平洋岸に伝えられている話だからであるからかもしれない。日本海岸には礼文島にも増毛海岸にも、アイビコタン（アワビ部落）という地名が残っていて、この地方では大事な食品だったことを裏付けているので、別なアワビの話があったかもしれないが、今はそれを伝える古老がいない。

ヒヨリガイ

ヒヨリガイとカラスガイとは昔とても仲のよい夫婦であったが、家内のカラスガイが先に死ぬときに、「私が死んでも私をそばから離さないようにしてほしい」と遺言をして死んだので、夫はおかみさんの一番大事なところをとって、それを自分の枕につけて寝ていた。ところが毎晩のように枕にせめられるので、たまらなくなって舟にのって沖に逃げだしたら、後から枕がどんどんと追いかけてきた。夫はとても逃げきれないので海に沈み、ヒヨリガイになって岩につくようになった。

これは日高静内の山中の昔話である。この話は夫と妻が逆になっているようであるが、きいたままに記しておく。

和名はイガイ、アイヌ語ではパスクット（カラスガイ・カラスの乳房）というところが多い。

ケガニ

アㇺパヤヤとかオテンパヤヤと呼ぶところもあるが、虻田ではヌマウシ・ホテンパヤヤ（毛のあるカニ）と呼んでいる。

お産のときには大きな鋏で子供をはさみ出してくれといって、部落《コタン》の古老から頼まれたりする、安産の神である。

タラバガニ

これはヤドカリの仲間でカニの類ではないというが、コタンではケガニと同じようにアムパヤヤと呼んで、ケガニの仲間である。宗谷に伝わる昔話にはつぎのようなものがある。

私は姉と二人でくらしていたが、私が山からヤブマメを掘って来て煮ると、姉はおいしいところをヤマブドウやコクワと一緒に膳に入れ、それを二つつくって毎日どこかへ出かけて行っては、空にして戻って来た。いったいどこに行くのだろうと後をつけて行ってみると、海岸の岩磯の深みに棚があって、そこへ姉はお膳をあげると「テンテコ　テンテコ」といって踊りはじめた。すると沖の方から大きなタラバガニが泳いで来た。そして「サンタクルーツ　クルーツマッ、サンタクルーツ　クルーツマッ」といって、海岸にあがってブルブルと身震いすると、急に金髪で金の眉毛と睫毛をした立派な金色の神人《カムイニシパ》になった。姉は持って行った御馳走を一緒に仲よく食べてから、神人に「頭のシラミを見てあげよう」といった。神人は「何だか今日は気分が落ち着かないから早く帰る」といって浜に出ると身体を震わせ、またもとの大きなタラバガニになった。そして「サンタクルーツ　クルーツマッ、サンタクルーツ　クルーツマッ」といって沖に帰って行った。

この昔話は宗谷に伝わる伝承であるが、どんな生活的背景があるか明らかではない。樺太《サハリン》のアザラシ、北海道の熊と同じように、この地方の生活の上に重要なかかわりあいがあったことが想像される。内浦湾沿岸ではホテンパヤヤ、オホーツク海岸ではアンパヤヤ、インスコルアンパヤヤ、釧路ではムリカララという。その他ホテムテム、アムシペというところもある。

カキ

内浦湾ではピサシ（石を出しているの意か）、オホーツク海岸では殻のかどで足や手が切れるのでイチャイチャといういい、紋別辺では氷に穴をあけてそこから掬いとったともいう。釧路厚岸のカキは昔から有名であるが、松浦武四郎の『東蝦夷日誌』に「沼内岸に添て、蠣殻《かきがら》積重りて十八の嶋に成……」とある以外に記事のないのは、この辺は食糧に恵まれていて、カキなどをあまり問題にしていなかったからのようである。

ツブ

和名エゾバエの類はカタツムリも含めてみんなモコリリ（マキガイ）といった。この中で宗谷でニンギというツブは、乾しておいて魔除けに使うイケマの根の刻んだのに混ぜ、海が時化《しけ》るときに浜に出て風に向かい、

siri wuen tuy
isatta sira n

といってまきちらすと風がおさまるという。

アサリ

内浦湾ではポン・トポ（小さい貝）というが、チウリト（われわれの掘る貝）とかチウリ・トポ（われわれの掘る小貝）などとも呼んでいる。食糧に窮したときに砂を掘って拾いあつめるほどの食糧だったようである。

エビ

一般にホㇽカ・テルケ（後にとぶ）とか、ホㇽカ・テレケㇷ゚（後にはねるもの）といっているが、釧路川筋ではヨルカ・テレケㇷ゚と呼んだり、石狩川筋ではオポンパキと呼ぶところもある。

タコ

昔から内浦湾の主はアドイ・イナウ（海の木幣）とかアドイコロ・カムイ（海を支配する神）と呼ぶ大ダコで、その大きさは一ヘクタールほどもあるといわれている。本州から来る商船の弁財船もクジラも、この大ダコに一呑みにされ、ブリ漁に出かける漁師たちの舟もよくこれにひっくり返されるので、この辺の漁師が海に行くときには、いつも大鎌を用意して行って、舟に脚をかけられたときに切って遁れたという。またこの大ダコの棲む処はタコの体の色で空までが赭く見えるから、そんなところには近寄るものでないという。

タコは文化神の妹（妻）の貞操帯がなったという昔話がある。

文化神コタンカラカムイが空知川のほとりで熊に傷付けられたという知らせを聞いて、妹は泣きながら駆けつけた。その途中で唾をはいたのがハクチョウになり、涙のまじった洟水が萱《スブキ》になり、洟が鬼萱《シキ》になった。妹は文化神と一緒に天上に帰ったが、そのときに、身につけていたものを色色と残していった。海に捨てられた貞操帯《ポンクツ》はタコになり、下着《モウル》はカメになり、陰毛はノガリヤスという雑草になったと。

またこうして変化した生物が怪物となって、人間に何か危害を加えようとしたとき、その前歴をあばかれると力を失うものであるという。

昔歌棄部落《オタスツコタン》に孤児として育ったチインレシカルクという者が、裕福になって和人地に交易にも出かけるようになったが、孤児であったために、昔の伝承を教えられることもなく何も知らなかった。交易の帰り海の老爺《アドイコロヘンケ》というウミガメが姿を現わして、今にも舟を覆そうとした。そのときチインレシカルクがうろたえていると、妻が「あなたはどうして育ったの、アドイコロヘンケのことを知らないの、昔文化神サマイクルの妹（妻）がウバユリを採りに行った帰り、川で鱗茎を一枚一枚はがして洗っていると、一枚の鱗茎が手からすべって川の中に流れ、それが海に出てこのアドイコロヘンケになったのよ」といった。すると海の老爺《アドイコロヘンケ》は前身を見破られたので海に沈んでいった。しばらく進むと、こんどは物凄い大ダコが現われて船の帆柱にギリギリと巻きつき、舟の舳先と艫に脚を巻きつけて、今にも海の底に引き込もうとした。妻はまた「あんたは誰からもこういうことをきかなかったの、文化神《サマイクル》の妹（妻）がプイ（エゾノリュウキンカ）を掘って川で洗っていたら、その一つが手元から流れて海に行って腐り、クントアッコイパという大ダコになったということを……」といって泣いた。すると大ダコが船を離れて無事に村《コタン》に帰ることができたので、チインレシカルクは高い山にモシリコロカムイ（島を支配する神）とコタンコロカムイ（村を支配する神でシマフクロウのこと）の祭壇をつくり、川淵にはチワシコロカムイ（川口を支配する神）とペッコロカムイ（川を支配する神）の祭壇をつくって幸福にくらした。

これらの説話の多くはその形から生まれたもので、多くアドコル・カムイ（海を支配する神）とか、アドイコロ・カムイというが、オホーツク海岸や釧路日高方面では、八本の脚が木幣に似ているのでアドイ・イナウ（海の木幣）と呼ぶ。山狩りに行ってタコの夢を見ると獲物がさずかるというのも、タコの形が木幣に似ているからであろう。

イカ

内浦湾地方ではエペッペッケ（枝が分かれている）というが、日高から釧路にかけてはマシタンベと呼ばれているだけで、それほど重要な存在ではなかったようである。

オオバンヒザラガイ

渡島半島戸井町の海岸にムイと呼ぶ岩礁がある。ムイとはアイヌ語の箕のことで、岩の形が箕に似ているのに名付けたものであろうが、オオバンヒザラガイもムイとかメヨといってつぎのような伝説がある。

昔この海にメヨというオオバンヒザラガイとアワビとが雑居していたが、アワビは殻がなく何の武装もしていないメヨを「骨なしの意気地なし」といって軽蔑していた。しかしメヨの方は、岩のような家をかぶって這いまわり、話しかけても振り向きも返事もしないアワビを頑固者として毛ぎらいし、お互い反目しあっていた。それが次第に嵩じて戦いになったが、容易に勝敗がきまらず、この岩礁を境にして西の方をアワビの領地にし、東をメヨの国にしてすむようになった。

これと同じムイ島、ムイ岩の伝説が室蘭の絵鞆《えとも》岬にもあるが、こちらはアワビがメヨに負かされて、くやし涙を流し泣きながら岩を伝って逃げた跡が、ポロチヌエピラとポンチヌエピラになり、メヨのつくった戦勝の砦がムイ岩になったというものである。

また虻田では、メヨとアワビが喧嘩して、負けたアワビは大岸と豊浦の間の岩を伝って日本海岸に行ってしまったので、内浦湾にはアワビがいないのだ、アワビが通ったあとは今でも草も生えていない、と伝えている。

これらの伝説はこの二つの貝の形が似ているにもかかわらず、一方には貝殻があり一方にはなく、さらにアワビは岩礁地帯に棲息し、オオバンヒザラガイは砂地の海底に棲息するからである。

一般にムイと呼ばれているが、メヨとかケロというところもある。「或は炙り、或は生にて醋に和して食ふ。極めて硬くして味も甚美ならず」（栗本鋤雲『匏庵遺稿』）とあるが、腹を裂いて子供たちがおやつのように食べたといい、釧路地方では身体の中にある骨のような部分は乾しておいて、女の人が腰にさげて歩くと蛇にあわないといわれたという。

ナマコ

どういう意味かどこでもウタと呼んでいる。食べたという話はあまりきかないが、児玉作左衛門・伊藤昌一両博士の「アイヌの髪容の研究」（『北方文化研究報告』第五輯）の中に「なまこ（ウタ uta）を煮て、その煮汁を冷し、之を以って洗ふこともあるといふ。」という報告がある。

フジコ

カクラとかカックラと呼んでいるが、あまり資料がない。知里辞典によると樺太《サハリン》ではククラといい、

「腫物の形がこれに似た形をしているとき、これの水で拭きとる。乾しておいても使う」ということである。

ウニ

積丹半島の西海岸、神恵内村と積丹町との境に沼前というところがある。沼前はノナ・オマイでムラサキウニの多いところの意である。

北海道では一般にムラサキウニをノナと呼び、バフンウニをガンゼと呼んでいるが、アイヌ語ではムラサキウニのことをアイウシ・ニノ（棘を持ったウニ）とか、クンネニノ（黒いウニ）と呼んでいて、知里辞典でもノナというのは方言であるとしている。バフンウニもニノとか、あるいは普通のウニを意味するヤイ・ニノと呼んだ。

ゴカイ

……フレチウシ（礒岩）此辺秋過より海荒る時フレチと云図〔図略〕の如き物打上るよし。依て号くとかや。土人は是を乾し置て腎薬に用ゆ。フレは赤くチは腸にて赤き腸の儀也。其形魚腸に似たれば也。（松浦武四郎『知床日誌』）

これは現在のウトロに近い、オシンコシンの滝の近くのフレチウシの説明である。フレチとはこの説明とは少しちがい、赤い陰茎の意味で、アドイ・チ（海ちんぽ）とかルッ・チ（海水陰茎）などともいう。右の引用によれば腎臓の薬にしたとあるが、今それを知っている人はない。

ホヤ

此辺海岸に沙噀《ナマコ》の如き丸き赤き物多く浪に打揚られ有たり。土人是を割り、潮《シホ》にて洗ひ余に与ふる故喰しに、其味石渤卒《ホヤ》に異ることなく、後タライカ人に聞に、此辺の者口中の病有る時は、是を水に浸し置、その水もて洗ふに功験著しとかや。

これは紀行家松浦武四郎が安政三（一八五六）年樺太探険したときの『北蝦夷余誌』の一節である。また彼が二度にわたる探検を記した『知床日誌』の中にも、現在のイワウベツに泊まったときの記事として、

此辺り長七八寸位にて二股三股に成し石渤卒《トツイ》《ホヤ》多く打上たり。又一種すほや《チタタニ》（津軽方言）と云物有。是は他にて見ざる物也。余津軽にて見たりしが、皮を剝去り、腸を喰し、其肉皮の水晶の如く透明する所を味噌に漬け置て是を琥珀漬と云。又其を塩蔵して三四年を過て用ゆるに宜し。

としきりにホヤをめずらしがっているが、あまりにこれについての他の資料がなく、名前もアイヌ語でホヤとあり、知里辞典によると樺太《サハリン》ではトホイといい、トホイはトオイで乳房多いものの意である

という。また「乳の腫れにつける。食用にはしない」ともある。

ヒトデ

別に何かにしたということもきかない。ただ海の星のような形に散らばっているのを、オタ・カリプ（砂の円板）とか、オタカラリプ（砂の上に押しつけているもの）と呼んだにすぎない。

クラゲ

虻田コタンの民話ではアワビに奥さんを盗まれた上に、なぐられて身体がふにゃふにゃになり、海の上をさまようようになったという、気の毒な存在である。

私が屈斜路部落《コタン》ではじめてクラゲのことをきいたとき、クジラの洟水《フンベ・エトロ》というのだときかされて、この人たちの着想の美事さに感嘆させられたが、これが目の中に入ると失明するともいわれた。

内浦湾地方ではアドイ・エトロ（海の洟汁）とかトンルというそうである。

海の化物

穂別コタンの伝承によると、海にはアシップヨという、鼻の上に桶のような口のある魚の化物がいて、舟を見つけると追って来て舟を噛って穴をあけるという。だから沖漁に行くときには手頃の石を積んで行って、それに追いかけられたら口の中に石を投げ込む。すると化物は沈んでしまい追って来なくなるから、沖漁には必ず石をもって行くものだという。

この化物は国造神《コタンカラカムイ》が支笏湖をつくったとき、あまり深くつくったために、深さを測りに入った国造神は、海でも膝小僧より濡らすことがないのに、股まで水につかって大事なところを濡らしてしまった。怒った国造神はせっかく湖に放流した魚をつかみ、親指で頭をつぶして海に投げたが、その指のあとが口になって人間の舟を追いかける化物になったのだという。

本著作は一九七六年一二月に財団法人　法政大学出版局より刊行されました。
底本には一九九二年七月に刊行された新装版を用いました。

当書籍には今日一般的に不適切と思われる表現、語句がありますが、
本書発行時の時代的背景および作品価値等を考え、原文のままといたしました。

更科源蔵（さらしな　げんぞう）
1904年、北海道弟子屈町の開拓農家に生まれる。麻布獣医畜産学校に学ぶ。詩人・随筆家として、またアイヌ文化研究によって知られる。著書に自伝的エッセイ『原野』（法政大学出版局）をはじめ、詩集『種薯』『凍原の歌』など五十余冊がある。「アイヌの伝統音楽」約二千曲の録音・訳詞により、第18回NHK放送文化賞受賞。1985年9月25日逝去。

更科　光（さらしな　こう）
1948年、北海道札幌市に生まれる。1970年、北海学園大学卒業。会社勤めのかたわら父・源蔵の資料整理を手伝う。

コタン生物記　II
野獣・海獣・魚族篇　新版

2020年10月30日　第一刷印刷
2020年11月10日　第一刷発行

著　者　更科源蔵・更科光

発行者　清水一人
発行所　青土社

〒101-0051　東京都千代田区神田神保町1-29　市瀬ビル
［電話］03-3291-9831（編集）　03-3294-7829（営業）
［振替］00190-7-192955

印刷・製本　ディグ
装丁　大倉真一郎

ISBN978-4-7917-7179-0　Printed in Japan